KU-396-459

Steinschmätzer
Fam. Sänger
S. 63

Hausrotschwanz
Fam. Sänger
S. 64, 65

Rotkehlchen
Fam. Sänger
S. 66

Blaumeise
Fam. Meisen
S. 78–83

Beutelmeise
Fam. Beutelmeisen
S. 77

Schwanzmeise
Fam. Schwanzmeisen
S. 76

Blaukehlchen
Fam. Sänger
S. 67

**Haussperling**
Fam. Sperlinge
S. 106, 107

Kleiber
Fam. Kleiber
S. 84

Baumläufer
Fam. Baumläufer
S. 86, 87

Erlenzeisig
Fam. Finken
S. 97–103

Buchfink
Fam. Finken
S. 96, 104, 105

Zaunkönig
Fam. Zaunkönig
S. 85

Detlef Singer

# Singvögel

*Alle mitteleuropäischen
Singvögel*

Kosmos
Gesellschaft der
Naturfreunde
Franckh'sche Verlagshandlung
Stuttgart

Mit 111 Farbfotos von F. Adam
(S. 78), H.-D. Brandl (S. 25, 35, 47,
49, 86, 103), B. Brossette (S. 90),
M. Danegger (S. 34, 58, 66, 75, 81,
83, 88, 97, 105, 111, 112, 113, 114),
J. Diedrich (S. 91, 104), Th. Frind
(S. 82), R. Groß (S. 57), W. Layer
(S. 64), A. Limbrunner (S. 32, 39, 41,
45, 62, 71, 77, 85, 87, 93, 99, 109,
118), G. Moosrainer (S. 67),
H. Partsch (S. 54), PKG Griehl
(S. 33, 36, 65), R. Schmidt (S. 46, 64),
H. Schrempp (S. 31, 55, 100, 102),
D. Singer (S. 23, 58, 72), U. Walz
(S. 22, 63), G. Wendl (S. 26, 60, 68,
73, 76, 79, 80, 84, 92, 94, 95, 96, 98,
107, 110, 115, 116), K. Wothe (S. 24,
30, 37, 40, 42, 43, 44, 47, 48, 50, 51,
52, 53, 56, 61, 70, 74, 91, 93, 103,
106, 108) und P. Zeininger (S. 2/3, 21,
27, 28, 29, 37, 38, 59, 65, 69, 89, 101,
117) sowie 26 Farbzeichnungen von
Steffen Walentowitz und
51 Schwarzweißzeichnungen von
M. Golte-Bechtle (Symbole) und
S. Walentowitz (Silhouetten).

Umschlag von Kaselow Design,
München, unter Verwendung eines
Farbfotos von Thomas Frind.
Das Bild zeigt einen Stieglitz (*Carduelis carduelis*).


CIP-Kurztitelaufnahme
der Deutschen Bibliothek

**Singer, Detlef:**
Singvögel : alle europ. Singvögel /
Detlef Singer. – Stuttgart : Franckh,
1987. (Kosmos-Naturführer) ISBN
3-440-05709-7.

Franckh'sche Verlagshandlung,
W. Keller & Co, Stuttgart / 1987

L 14 He / ISBN 3-440-05709-7
Printed in Germany / Imprimé en
Allemagne
Satz: G. Müller, Heilbronn
Herstellung: Sellier Druck, Freising

# Singvögel

Ein Frühling ohne Vogelstimmen war die Schreckensvision, die die Amerikanerin RACHEL CARSON in ihrem Buch „The silent spring" (Der stumme Frühling) entwickelte, um vor den verheerenden Folgen der Umweltvergiftung durch die chlorierten Kohlenwasserstoffe (DDT) zu warnen. Ihr schockierender Report, von der chemischen Industrie aufs heftigste befehdet, hat die Menschen aufgerüttelt und dazu geführt, daß der Präsident der Vereinigten Staaten eine Sonderkommission einsetzte, deren Abschlußbericht schließlich zum Verbot des DDT führte. Nicht ohne Absicht hat RACHEL CARSON das Verschwinden der Singvögel aus unserem Lebensbereich als unausbleibliche Folge unserer Gedankenlosigkeit im Umgang mit hochgiftigen Vernichtungsmitteln zum Aufhänger ihres Buches gemacht. Denn die Singvögel, ihr Verhalten und ihre Stimme, rühren die Herzen der Menschen in ganz besonderer Weise an: Wenn an milden Februartagen Kohlmeisen und Amseln ihre ersten Strophen hören lassen, künden diese Vorboten des Frühlings eindrucksvoller als alles andere das Ende der kalten, dunklen Jahreszeit an. Die Stimmen der Singvögel sind es auch, die in Musik und Dichtkunst als Symbole für Hoffnung und Wiedererneuerung stehen.

Was kann der einzelne tun, und wie kann er helfen, die Zukunft unserer Vögel zu sichern? Mit schwärmerischer Liebe allein ist es nicht getan. Wer die Vogelarten, die unsere Gärten, Parks und Wälder beleben, nicht kennt, versteht auch ihre Lebensbedürfnisse nicht und kann keinen Beitrag zu ihrem Schutz leisten. Eine gute Artenkenntnis ist der erste und gründliche Beobachtung der Lebensäußerungen der Gefiederten der zweite Schritt zum Verständnis ihrer Bedürfnisse und zum rechtzeitigen Erkennen der Gefahren, die ihnen drohen.

Das vorliegende Buch hat sich zur Aufgabe gemacht, dem interessierten, aber noch unerfahrenen Vogelfreund die Bestimmung der Arten, die ihm am Haus, im Garten und in der freien Natur begegnen, zu erleichtern. In Detlef Singer, meinem Freund und ehemaligen Schüler, hat der Verlag einen erfahrenen und kenntnisreichen Ornithologen dafür gewonnen. Die Singvögel stehen ihm besonders nahe, hat er doch seine Diplomarbeit über die komplizierte Organisation des Gesanges der Heidelerche geschrieben und dabei viele unerwartete und aufregende Fähigkeiten entdeckt.

Ich hoffe und wünsche, daß dieses Buch dazu beiträgt, die Singvögel unserer Heimat besser kennenzulernen und ihre bescheidenen Bedürfnisse zu verstehen.

Wilhelmshaven 1986
Prof. Dr. Jürgen Nicolai

Im vorliegenden Naturführer sind alle Singvogelarten abgebildet und beschrieben, die regelmäßig in Mitteleuropa angetroffen werden können. Arten, die nur gebietsweise vorkommen und/oder sehr selten sind, werden im Anschluß an den Bestimmungsteil nur kurz vorgestellt und beschrieben.

Alle **Farbfotos** sind in freier Natur aufgenommen und zeigen die Vögel in ihrem arttypischen Lebensraum, und zwar so, wie sie der Naturfreund auch zu sehen bekommt. Auf Volierenaufnahmen und gestellte Fotos wurde in diesem Buch verzichtet – was nützt das schönste Foto, wenn man den Vogel so nie oder nur unter großem Aufwand zu Gesicht bekommt.

Wenn im Text nichts anderes vermerkt wurde, zeigt das Foto das Männchen im Brutkleid. Bei Arten, bei denen sich die Geschlechter jedoch stark unterscheiden, sind Männchen und Weibchen abgebildet.

**Farbzeichnungen** ergänzen dort die Fotos, wo typische Körperhaltungen im Flug, beim Gesang oder bei der Nahrungssuche beim Bestimmen behilflich sein können, wo in der Normalhaltung des Vogels nicht sichtbare Gefiedermerkmale verdeutlicht werden sollen oder zusätzlich Weibchen- und Jugendkleider hervorgehoben werden.

Die blauen **Farbmarkierungen** sollen dem Leser helfen, einen gesehenen Vogel anhand seiner Größe möglichst rasch im Buch auffinden zu können. Als Bezugsarten sind die wohl allgemein bekannten Vögel: Haussperling (Spatz), Amsel und Rabenkrähe angegeben. Dabei bedeutet

Vögel bis Sperlingsgröße

Vögel bis Amselgröße

Vögel größer als Amsel

Unter „Größe" ist die Länge des Vogels von der Schnabel- bis zur Schwanzspitze zu verstehen.

Die **Silhouetten** auf dem Vor- und Nachsatz sind ebenfalls nach diesen Größenkategorien angeordnet und farbig unterlegt. Sie zeigen einen (oder mehrere) typische Vertreter einer Familie in arttypischer Haltung und werden im Bestimmungsteil bei den jeweiligen Familienangehörigen wiederholt.

Die **Symbole** über dem Farbfoto gehören zum Aktivteil des Buches und sollen auf einen Blick verdeutlichen, ob die Art gefährdet ist und wie man sie am besten im eigenen Garten ansiedeln kann. Dabei bedeutet

Gefährdete Art

 Art, die in Naturgärten heimisch gemacht werden kann

 Art, die man durch geeignete Nisthilfen fördern kann

 Art, die durch Winterfütterung in den Garten gelockt werden kann

Die **Texte im Bestimmungsteil** enthalten alles Wissenswerte zum Bestimmen und Kennenlernen der verschiedenen Vogelarten in übersichtlicher und leicht verständlicher Form:

Unter dem Stichwort <u>Merkmale</u> sind in Ergänzung zum Farbfoto Größe und Aussehen des Vogels beschrieben, außerdem wird – soweit erforderlich – auf das je nach Alter, Geschlecht und Jahreszeit unterschiedliche Federkleid eingegangen.

Das erste richtige Federkleid der Jungvögel wird als *Jugendkleid* bezeichnet. Im Spätsommer oder Herbst wechseln die Jungvögel der meisten Singvogelarten bereits ins *Alterskleid;* da nur eine Mauser pro Jahr erfolgt, spricht man auch von Jahresmauser. Manche Singvögel, z. B. der Trauerschnäpper, mausern zweimal im Jahr; sie legen bei der Mauser im Anschluß an die Brutzeit ein schlichter gefärbtes Kleid an, das *Ruhekleid* (Winterkleid), das sie im darauffolgenden Frühjahr in einer zweiten Mauser gegen das prächtigere *Brutkleid* (Sommerkleid) vertauschen.

Es gibt aber auch Singvogelarten, die nur einmal im Jahr mausern und trotzdem ein prächtigeres Brutkleid und ein schlichter gefärbtes Ruhekleid aufweisen. Bei diesen Arten verwandelt sich das bei der Jahresmauser im Herbst entstandene schlichte Ruhekleid durch Abnutzung der Federränder von selbst in das prächtigere Brutkleid.

Im Anschluß folgt die Schilderung der für das Bestimmen wichtigen *Verhaltensweisen.*

Die zur Identifizierung bedeutsamen Lautäußerungen der Vögel, unterteilt in Rufe und Gesänge, sind unter dem Stichwort <u>Stimme</u> erläutert.

Unter <u>Vorkommen</u> sind die Lebensraumtypen beschrieben, in denen die Vogelart zur Brutzeit und der übrigen Zeit des Jahres bei uns anzutreffen ist. Außerdem wird auf das Zugverhalten der betreffenden Art hingewiesen:

*Sommervogel:* Vogelart, die bei uns Zugverhalten zeigt und nur in den Frühjahrs- und Sommermonaten in Mitteleuropa anzutreffen ist. Im Herbst ziehen diese Vögel wieder in ihr südliches Winterquartier.

*Teilzieher:* Vogelart, bei der ein Teil der Individuen im Herbst in ein Winterquartier abzieht, der andere Teil dagegen im Brutgebiet überwintert.

*Wintergast:* Als Wintergäste gelten Vögel, die ihre Brutgebiete im hohen Norden haben und nur im Winterhalbjahr in Mitteleuropa anzutreffen sind. Ihre Anzahl wechselt von Jahr zu Jahr und erreicht in manchen Wintern außergewöhnliche Höhen. Man spricht dann von Invasionsvögeln.

*Jahresvogel:* Vogelart, deren Angehörige keine Zugvögel sind, sondern auch den Winter über im Brutgebiet verbleiben. Einige Arten, z. B. der Kleiber, bleiben sogar ganzjährig in ihrem Revier, während andere, z. B. die Tannenmeise, im Winter in der weiteren Umgebung umherstreifen.

Die in Klammern ( ) angegebenen Monate geben die Zeitspanne an, in der die betreffende Art in Mitteleuropa beobachtet werden kann.

Unter dem Begriff <u>Brut</u> stehen Informationen zur Brutzeit (Monate), zur Anzahl der Jahresbruten und zum Standort und Aussehen des Nestes.

**Der allgemeine Teil** des Buches beschreibt, wie sich die Singvögel von anderen Vögeln unterscheiden, wie sie singen und daß Singen gelernt sein will. Wir bekommen aber auch wichtige Hinweise zum Kennenlernen und Unterscheiden der verschiedenen Rufe und Gesänge und erfahren, wie man sich richtig und verantwortungsvoll in der Natur verhält.

Im Aktivteil **„Vogelschutz im eigenen Garten"** lernen wir, wie man seinen Garten so anlegt, daß sich darin Vögel und andere Wildtiere wohl fühlen und ansiedeln, welche Nisthilfen am besten geeignet sind und wie man im Winter sinnvoll füttert.

Nest vom Teichrohrsänger

Einen Vogel zu bestimmen ist nicht leicht: Zum einen kommt man kaum nahe genug an ihn heran, zum andern sind Vögel fast ständig in Bewegung und fliegen bei der geringsten Störung sofort auf, so daß wir nicht erst lange in einem Buch blättern und suchen können. Wir müssen uns also den Vogel recht schnell, aber so genau wie möglich ansehen und uns die wichtigsten Merkmale einprägen:
– Wie groß ist er ungefähr?
– Wie sieht der Schnabel aus?
– Ist der Schwanz lang oder kurz, abgerundet, gerade oder eingekerbt?
– Wie verhält sich der Vogel?
– Wie ruft oder singt er?

Unter günstigen Bedingungen kann man auch die Gefiederfärbung erkennen.
– Welche Farbe und Musterung haben Kopf, Ober- und Unterseite?
– Sind Schwanz und Bürzel besonders gefärbt?

– Besitzt der Vogel einen Augen- oder Überaugenstreif?
– Trägt er Flügelbinden
Haben wir uns so viele Merkmale wie möglich eingeprägt, wenn möglich sogar notiert, dann geht's ans Bestimmen.

**So gehen wir vor:**

– Wir vergleichen die Größe des gesehenen Vogels mit unseren 3 Bezugsarten (Haussperling, Amsel und Krähe) auf den Silhouettentafeln im Vor- und Nachsatz dieses Buches.
– Wir suchen auf der entsprechenden Tafel die Silhouette aus, die der Gestalt des gesehenen Vogels am ehesten entspricht, und schlagen im Bestimmungsteil die Seitenzahlen nach, die bei der gewählten Silhouette stehen.
Entspricht der gesehene Vogel der Abbildung, sein Verhalten, Vorkommen und Gesang dem beschreibenden Text?

# Gefiederpartien und Körperteile eines Singvogels

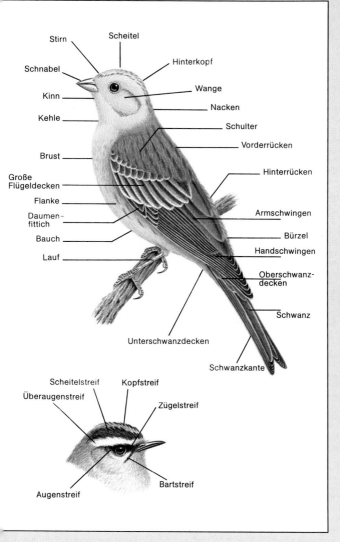

Stirn · Scheitel · Hinterkopf · Schnabel · Wange · Kinn · Nacken · Kehle · Schulter · Brust · Vorderrücken · Große Flügeldecken · Hinterrücken · Flanke · Daumen-fittich · Armschwingen · Bauch · Bürzel · Lauf · Handschwingen · Oberschwanz-decken · Schwanz · Unterschwanzdecken · Schwanzkante

Scheitelstreif · Kopfstreif · Überaugenstreif · Zügelstreif · Bartstreif · Augenstreif

Fast die Hälfte aller heute auf Erden lebenden Vogelarten – das sind knapp 9000 Arten – sind Singvögel. Eine große Gruppe mit ungeheurer Formenvielfalt, die sich jedoch aufgrund weniger gemeinsamer Merkmale zusammenfassen läßt:

– Wie der Name schon sagt, haben die Singvögel besondere stimmliche Fähigkeiten, die auf den besonderen Bau ihres Stimmapparates zurückzuführen sind.

– Alle Singvögel besitzen an jedem Fuß 4 Zehen, von denen eine immer nach hinten gerichtet ist und nicht nach vorne gedreht werden kann. Diese Hinterfußzehe besitzt auch die längste Kralle.

– Alle jungen Singvögel sind Nesthocker, d. h., sie werden nackt, blind und unfähig zu arttypischer Fortbewegung geboren und sind vollkommen auf die Fütterung und Pflege durch die Elternvögel angewiesen.

– Bei allen Singvögeln sind Rachenraum und Schnabelwülste der Nestlinge auffällig gefärbt. Wenn ein Elternvogel am Nest erscheint, sperren die Jungen ihren Schnabel weit auf und präsentieren so das auffällige Rachenmuster, auf das der Altvogel mit Füttern reagiert. Nicht sperrende Jungvögel werden nicht gefüttert, da der entscheidende Auslösereiz für die Altvögel fehlt.

**Bedrohte und gefährdete Arten**
In der „Roten Liste" der Bundesrepublik Deutschland von 1984 sind von den 110 Singvogelarten bereits 36 Arten – d. h. 42% – aufgeführt.
Diese Arten verteilen sich auf 5 Gefährdungskategorien:
1. Ausgestorbene Arten
Seggenrohrsänger (*Acrocephalus palustris*)
Blauracke (*Coracias garrulus*)
Steinrötel (*Monticola saxatilis*)
Steinsperling (*Petronia petronia*)
2. Vom Aussterben bedrohte Arten
Brachpieper (*Anthus campestris*)
Zaunammer (*Emberiza cirlus*)
Ortolan (*Emberiza hortulana*)
Raubwürger (*Lanius excubitor*)
Schwarzstirnwürger (*Lanius minor*) – inzwischen ausgestorben!
Rotkopfwürger (*Lanius senator*)
Blaukehlchen (*Luscinia svecica*)
Felsenschwalbe (*Ptyonoprogne rupestris*)
Sperbergrasmücke (*Sylvia nisoria*)
3. Stark gefährdete Arten
Drosselrohrsänger (*Acrocephalus arundinaceus*)
Saatkrähe (*Corvus frugilegus*)
Neuntöter (*Lanius collurio*)
Heidelerche (*Lullula arborea*)
Braunkehlchen (*Saxicola rubetra*)
4. Gefährdete Arten
Schilfrohrsänger (*Acrocephalus schoenobaenus*)
Wasseramsel (*Cinclus cinclus*)
Kolkrabe (*Corvus corax*)
Grauammer (*Emberiza calandra*)
Zippammer (*Emberiza cia*)
Steinschmätzer (*Oenanthe oenanthe*)
Uferschwalbe (*Riparia riparia*)
Schwarzkehlchen (*Saxicola torquata*)
5. Potentiell gefährdete Arten
Wasserpieper (*Anthus spinoletta*)
Zwergschnäpper (*Ficedula parva*)
Rohrschwirl (*Locustella luscinioides*)
Sprosser (*Luscinia luscinia*)
Schneefink (*Montifringilla nivalis*)
Bartmeise (*Panurus biarmicus*)
Alpenbraunelle (*Prunella collaris*)
Beutelmeise (*Remiz pendulinus*)
Zitronengirlitz (*Serinus citrinella*)
Mauerläufer (*Tichodroma muraria*)

Während bei den anderen Wirbeltieren und dem Menschen die Laute im Kehlkopf entstehen, haben die Vögel ein spezielles Stimmorgan im Brustraum entwickelt – die Syrinx. An der Stelle, an der sich die Luftröhre in die beiden Stammbronchien gabelt, sind zwischen den Knorpelringen zwei membranartige Häutchen gespannt, die durch den Strom der Atemluft in Schwingung gebracht werden. Bei den einzelnen Vogelgruppen ist die Ausbildung dieser schwingenden Häutchen (äußere und innere Syrinxmembran) verschieden. Offensichtlich können sie bei den Singvögeln auch unabhängig voneinander schwingen, denn es entstehen manchmal verschiedene Töne zur gleichen Zeit, die nicht zueinander harmonisch sind.

Die Syrinxmuskeln, also die Muskeln, die an den Häutchen ansetzen und deren Spannung bestimmen, sind ebenfalls bei den verschiedenen Vogelgruppen unterschiedlich ausgebildet. Singvögel besitzen zwischen 4 und 9 Paaren solcher „Singmuskeln". Diese Muskeln haben eine große Bedeutung für die Variationsfähigkeit der Vogelstimme; besonders gut ausgeprägt sind sie bei den Gesangsvirtuosen wie Nachtigall, Singdrossel und Heidelerche.

### Singen will gelernt sein!

Allein mit dem Stimmorgan ist ein Singvogel jedoch noch nicht in der Lage, den arttypischen Gesang hervorzubringen. Dazu benötigt er ein angeborenes „Wissen" um den arteigenen Gesang und zusätzlich die Fähigkeit, bestimmte, je nach Artzugehörigkeit verschieden große Teile des Gesanges von einem Vorbild zu lernen. Von einigen Singvogelarten, wie Dorngrasmücke und Fitis, weiß man, daß der zu erlernende Gesangsanteil sehr gering ist; andere Arten dagegen, z. B. Gelbspötter und Sumpfrohrsänger, müssen zu bestimmten Zeiten in ihrer Jugend (sog. sensible Phase) große Teile des Artgesanges lernen.

Daß Lernen einen wichtigen Faktor für die Gesangsentwicklung der meisten Singvögel darstellt, weiß man aus Versuchen mit vielen schall-isoliert aufgezogenen Jungvögeln (sog. Kaspar-Hauser-Versuche). Diesen Jungvögeln wurde durch die Versuchsbedingungen die Möglichkeit genommen, von einem Vorbild zu lernen. Es zeigte sich, daß die getesteten Singvögel nicht in der Lage waren, ihren Gesang in der arttypischen und populationsspezifischen Ausprägung hervorzubringen.

### Rufe und Gesänge

Die Lautäußerungen der Vögel unterteilt man nach ihrer Funktion in Rufe und Gesänge:
Rufe kann man meist das ganze Jahr über hören. Es sind in der

Regel kurze Laute, die nicht erlernt werden müssen, sondern zum angeborenen „Inventar" gehören. Je nach Funktion unterscheidet man Stimmfühlungs-, Lock-, Warn-, Droh- oder Bettelrufe. Es gibt aber auch Rufe, die nur zu bestimmten Jahreszeiten auftreten, z. B. das „zihdit" der Heckenbraunellen im Herbst.

Gesang wird meist nur von den Männchen hervorgebracht und von der Aktivität der Keimdrüsen gesteuert. Im Gegensatz zu den Rufen ist der Gesang an eine bestimmte Jahreszeit gebunden. Die meisten Singvögel haben im Frühjahr ihre Hauptgesangsperiode, einige Arten singen auch noch im Herbst (Herbstgesang) und manche sogar im Winter, z. B. der Zaunkönig.

Der Gesang ist in der Regel komplizierter aufgebaut als ein Ruf. Er besteht aus Untereinheiten (Silben oder Elementen), die meist zu größeren Einheiten (Strophen) zusammengefügt sind.

Manche Singvogelarten haben nur einen Strophentyp, den sie ständig wiederholen, andere beherrschen sehr viele verschiedene Strophen.

Der Gesang dient in erster Linie der Verteidigung und akustischen Abgrenzung des Reviers und soll andere Männchen davon abhalten, in das Gebiet des Sängers einzudringen. Ist der Revierinhaber noch „ledig", so dient das eifrige Singen auch der Anlockung eines Weibchens. Da die Männchen auch nach erfolgter Verpaarung noch weitersingen, nimmt man an, daß der Gesang auch der Synchronisation des Paares bei Balz- und Brutablauf dient.

## Vogelstimmen – eine wichtige Bestimmungshilfe

Viele Singvögel halten sich häufig in dichtem Gebüsch oder in Baumkronen auf und sind so unseren Blicken entzogen. Wir würden von ihrer Anwesenheit oft gar nichts bemerken, wenn sie sich nicht durch ihre Stimme verraten würden.

Manche einander sehr ähnliche Arten (Zwillingsarten), wie z. B. Garten- und Waldbaumläufer, Sumpf- und Weidenmeise, sind ohne Kenntnis ihrer arttypischen Rufe und Gesänge kaum zu unterscheiden.

Und wollen wir z. B. feststellen, wie viele Vogelarten ein bestimmtes Waldgebiet bewohnen, so können wir mit Hilfe rein optischer Methoden stets nur einen Bruchteil der anwesenden Vögel erfassen.

Die Kenntnis der Vogelstimmen erlaubt dem Vogelkundigen nicht nur Angaben zur Zusammensetzung der Vogelarten eines Gebietes, sondern auch Schätzungen zur Bestandsdichte jeder Art und zur Situation, in der sich die Vögel gerade befinden:

Heftiges Gezeter verrät z. B. die Anwesenheit eines Bodenfeindes, ein hohes, gezogenes „zieh" bedeutet, daß der Feind aus der Luft kommt (Luftalarm),

langanhaltender Gesang läßt auf ein unverpaartes Männchen schließen,

und Bettellaute von Jungvögeln zeugen von einer geglückten Brut.

### Vogelstimmen zu Papier gebracht

Die Schwierigkeit bei der Vogelstimmenforschung besteht darin, die Lautäußerungen in einer für den Menschen optisch erfaßbaren Form wiederzugeben. Anfangs versuchte man, die Vogelgesänge mit Hilfe von Noten und den entsprechenden Zeichen der Musik niederzuschreiben, dies führte jedoch zwangsläufig dazu, daß die Stimmen der verschiedenen Vogelarten von den einzelnen Untersuchern aufgrund des subjektiven Klangeindruckes jeweils anders beschrieben wurden.

Die heute in der Bestimmungsliteratur gebräuchliche Darstellungsmethode ist die Umsetzung der Vogellaute in die Schrift, z. B. „zi-zi-be" für den Gesang der Kohlmeise. Da diese Methode jedoch keinen Klangeindruck vermitteln kann, werden die Laute zusätzlich mit Umschreibungen wie „flötend", „scheppernd", „krächzend" usw. beschrieben. Die Wiedergabe von Vogellauten in Worten kann jedoch keine exakten und quantifizierbaren Ergebnisse liefern, wie sie die Tierstimmenforschung fordert. Erst mit der Einführung des Magnettonbandes und des Klangspektrographen wurde die objektive, wissenschaftliche Auswertung von Vogelstimmen möglich. Auf einem speziell beschichteten Papier werden Schallereignisse objektiv aufgezeichnet (Sonagramm). Die klangspektrographische Analyse eines Gesanges (Sonagraphie) liefert exakte Angaben über die Tonhöhe eines Lautes und dessen Verlauf, die Geschwindigkeit der Lautabfolge pro Zeiteinheit und viele andere Einzelheiten.

## Vogelstimmen kennenlernen

- Nehmen Sie an vogelkundlichen Wanderungen teil, die von Vogelschutzverbänden und anderen naturkundlichen Vereinigungen angeboten werden.
- Beginnen Sie mit dem Studium der Gesänge von weniger und überall häufiger Vogelarten, und zwar am besten im Frühjahr, denn zu dieser Zeit sind die Zugvögel noch nicht zurückgekehrt, die mit ihren vielen unterschiedlichen Gesängen für Verwirrung sorgen können.
- Vergleichen Sie einen Ihnen unbekannten Gesang möglichst mit dem einer schon bekannten Art (z. B. der Gesang des Fitis klingt wehmütiger und viel weniger rauh als der des Buchfinks).
- Versuchen Sie, den Klangeindruck verbal auszudrücken, z. B. flötend, kratzend, orgelnd. Stellen Sie fest, ob der Gesang deutlich in Strophen untergliedert ist oder ob er kontinuierlich „dahinplätschert". Ist er eintönig oder abwechslungsreich? Werden Gesangsabschnitte wiederholt oder nicht?
- Wenn Sie einen unbekannten Gesang vernehmen, versuchen Sie, den Vogel auch zu Gesicht zu bekommen, denn der kombinierte optische und akustische Eindruck ist besonders einprägsam.
- Hören Sie sich zu Hause Vogelschallplatten und -kassetten an, und versuchen Sie, diese mit gehörten Lauten zu vergleichen.
- Ständige Wiederholung ist unerläßlich – Übung macht den Meister!

Zur Vogelbeobachtung in freier Natur gehört neben einem Fernglas und guter Bestimmungsliteratur auch das verantwortungsvolle Verhalten in der Natur. Hierzu einige Tips:

– Halten Sie sich in Naturschutzgebieten streng an die Vorschriften und Hinweise, denn in diesen Refugien rangieren die Interessen der Natur vor denen des Menschen.

– Betreten Sie bei Ihren ornithologischen Studien keine Privatgrundstücke, die als solche gekennzeichnet sind, bzw. holen Sie sich vorher die Erlaubnis des Besitzers ein.

– Bleiben Sie möglichst auf den Wegen, und stören Sie wildlebende Tiere nicht durch Querfeldein-Streifzüge. Dies gilt besonders für die Wintermonate, in denen die Tierwelt ihre Kraftreserven nicht noch unnötigerweise durch häufige Fluchten erschöpfen soll.

– Schützen Sie unbedingt die natürlichen Lebensräume, denn sie sind wichtige Voraussetzung für das Überleben unserer Vögel und anderer Wildtiere.

– Stören Sie die Vögel niemals am Nest, denn Sie gefährden sonst den Bruterfolg und tragen so zur Verarmung unserer Vogelwelt bei.

– Lassen Sie bei der Vogelfotografie besondere Rücksicht walten. Das Wohlergehen des Vogels sollte Ihnen wichtiger sein als ein „Starfoto".

– Zerstören Sie nicht mutwillig oder unbedacht den Pflanzenwuchs, um Vögel besser beobachten zu können.

Die Zeit der Brut und Jungenaufzucht ist eine besonders störungsempfindliche Phase im Leben der Vögel. Wir sollten es daher unbedingt vermeiden, an entdeckte Vogelnester heranzugehen, geschweige denn hineinzufassen! Allein schon durch unsere Anwesenheit in Nestnähe wird der Brutablauf beeinträchtigt und der Sicht- und Witterungsschutz für die Vogelkinderstube beträchtlich gestört. Denn auf Trampelpfaden, die z. B. durch mehrmaliges Aufsuchen eines Nestes entstehen und durch hinterlassene Duftspuren finden oft Nesträuber und „Eierdiebe" ihren Weg viel leichter zur Beute.

Im Winter dagegen können wir unserer Neugierde freien Lauf lassen und gefundene Vogelnester näher in Augenschein nehmen. Durch den Laubfall werden auch sehr gut versteckt angelegte Nester sichtbar, und wir sehen auf einmal, was z. B. in unserem Garten in Hecken und Sträuchern gebrütet hat.

Zur Erleichterung der Nestbestimmung hier einige Beispiele:

**Große
Vogelnester hoch
in Bäumen**

Elster

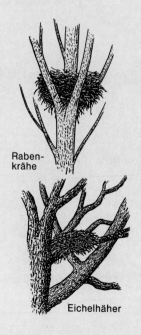

Rabenkrähe

Eichelhäher

17

## Vogelnester in und an Gebäuden

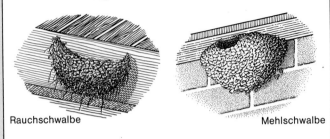

Rauchschwalbe

Mehlschwalbe

Bachstelze

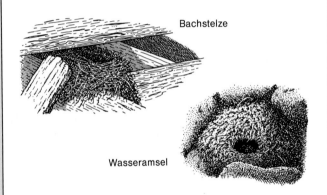

Wasseramsel

## Vogelnester in Gebüsch und Bäumen

Hecken-
braunelle

Goldammer

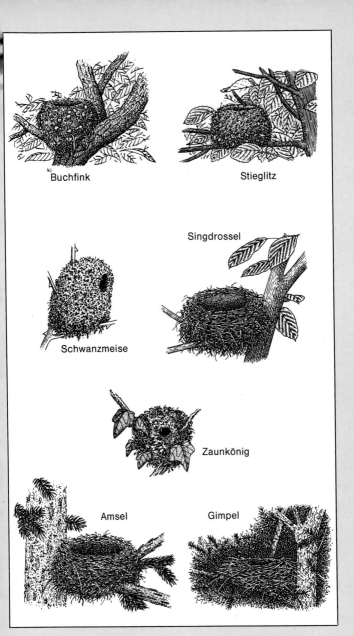

Buchfink

Stieglitz

Singdrossel

Schwanzmeise

Zaunkönig

Amsel

Gimpel

# Hilfreiche Adressen

## In der BRD:

Deutsche Ornithologen
Gesellschaft
Natur-Museum Senckenberg
6000 Frankfurt/Main

Deutsche Sektion des Inter-
nationalen Rates für Vogelschutz
(DSIRV) Dr. W. Winkel
Bauernstraße 14
3302 Cremlingen 1

Deutscher Bund für Vogelschutz
(DBV)
Achalmstraße 33
7014 Kornwestheim

Deutscher Jugendbund
für Naturbeobachtung
Buchenstraße 18
2000 Hamburg 60

Institut für Vogelforschung
„Vogelwarte Helgoland"
An der Vogelwarte 21
2940 Wilhelmshaven-Rüstersiel

Institut für Vogelkunde
Gsteigstraße 43
8100 Garmisch-Partenkirchen

Landesbund für Vogelschutz
in Bayern
Kirchenstraße 8
8543 Hilpoltstein

Staatliche Vogelschutzwarte
Hamburg
Steindamm 14–22
2000 Hamburg 1

Staatliche Vogelschutzwarte
Hessen, Rheinland-Pfalz und
Saarland
Steinauerstraße 44
6000 Frankfurt-Fechenheim

Staatliche Vogelschutzwarte
Niedersachsen
Richard-Wagner-Straße 22
3000 Hannover

Staatliche Vogelschutzwarte
Nordrhein-Westfalen
Aegidiusstraße 94
4300 Essen-Bredeney

Staatliche Vogelschutzwarte
Baden-Württemberg
Rapperswörth
Hermann-Schneider-Allee 47
7500 Karlsruhe

Staatliche Vogelschutzwarte
Schleswig-Holstein
Olshausenstraße 40–60
2300 Kiel

Verein Jordsand zum Schutze
der Seevögel
Birkenstieg 1
2000 Hamburg 67

Vogelwarte Radolfzell
Schloß Möggingen
7760 Radolfzell 16

## In Österreich:

Österreichische Gesellschaft
für Vogelkunde
Naturhistorisches Museum
A-1010 Wien

## In der Schweiz:

Schweizerische Gesellschaft für
Vogelkunde und Vogelschutz
(ALA)
Kernstraße 27
CH-8406 Winterthur

Schweizerische Vogelwarte
CH-6204 Sempach

## Feldlerche
*Alauda arvensis*   E Skylark
Familie Lerchen   F Alouette des champs

<u>Merkmale:</u> Gut sperlingsgroße Lerche mit oberseits tarnfarbenem Gefieder; kleiner, aufrichtbarer Schopf; Hinterrand der Flügel und Außenkanten des Schwanzes weiß gesäumt.

Fällt vor allem durch ihren Singflug im Frühjahr und Sommer auf: Fliegt stumm auf und steigt ununterbrochen singend steil empor, um dann minutenlang singend am Himmel zu „hängen"; kreist gelegentlich niedrig mit schwirrenden Flügelschlägen; Normalflug weich und bogenförmig, wirkt flatternd. Läuft am Boden in geduckter Haltung, sitzt fast nie auf Bäumen.

<u>Stimme:</u> Im Flug wohltönende, harte „tschrl"- oder „tschriüp"- Rufe; Gesang weit hörbar, fast ausschließlich im Singflug vorgetragen; besteht aus trillernden, wirbelnden und flötenden Abschnitten, die pausenlos aufeinanderfolgen; häufig Nachahmung anderer Vögel.

<u>Vorkommen:</u> Alle Arten von offener, weiträumiger Landschaft, vor allem Acker- und Weideland, niedrig bewachsene Felder, Feuchtwiesen. Teilzieher (Februar–Oktober).

<u>Nahrung:</u> Insekten, Spinnen, Samen, Pflanzenteile.

<u>Brut:</u> April–Juli, 2 Bruten. Meist gut verstecktes Grasnest in einer Bodenmulde unter einem Grasbüschel, innen mit feinen Halmen ausgepolstert.

## Haubenlerche
### *Galerida cristata*
Familie Lerchen

E Crested Lark
F Cochevis huppé

<u>Merkmale:</u> Etwas kleiner als Feldlerche, gedrungener, kurzschwänziger. Oberseite weniger kontrastreich gezeichnet; auffällige Kopfhaube; kräftiger, leicht gebogener Schnabel.
Flug wirkt leicht, weich und unruhig flatternd; breite Flügel und gelbbraune, äußere Steuerfedern kennzeichnend. Wenig scheu. Singt von einer Warte aus oder im kreisenden, hohen Singflug. Der Vogel fliegt stumm auf und singt erst nach einigen Sekunden.

<u>Stimme:</u> Ruft im Flug häufig melodisch „djui", bei Erregung „die-di-drie" oder „dü-dü-dür-dli". Gesang aus kürzeren und längeren Strophen von pfeifendem und zwitscherndem Klangcharakter, wirkt durch Pausen „zerhackt"; häufig Imitationen anderer Vogelstimmen und sogar menschlicher Pfiffe.

<u>Vorkommen:</u> Trockenes Öd- und Brachland, Steppen, Halbwüsten, Bahndämme, Fabrik- und Sportanlagen, auch in Großstädten; fehlt gebietsweise.
Jahresvogel.

<u>Nahrung:</u> Samen von Gräsern und Wildkräutern, grüne Pflanzenteile, kleine Insekten und Spinnen.

<u>Brut:</u> April–Juni, 2 Bruten.
Einfaches Bodennest aus locker zusammengefügten Halmen, meist gut versteckt. Nistet in manchen Gegenden sogar auf flachen Hausdächern.

| Heidelerche | |
|---|---|
| *Lullula arborea* | E Woodlark |
| Familie Lerchen | F Alouette lulu |

**Merkmale:** Kleiner und kurzschwänziger als Feldlerche, schwächerer Schnabel. Aus der Nähe weißliche, am Hinterkopf zusammenlaufende Überaugenstreifen und schwarz-weißes Abzeichen nahe am Flügelbug erkennbar.

Einzige Lerche bei uns, die auf Bäumen sitzt. Singt ausdauernd auf Warten oder im hohen, wellenförmig kreisenden Singflug, auch nachts.

**Stimme:** Ruft sanft und melodisch „didloi", „dadidloi" oder (bei Störung) „titroit". Gesang aus sehr vielen verschiedenen, meist melancholisch weichen, zum Schluß etwas abfallenden Strophen wie „dlidlidlidlidlidli" oder „düdidüdidüdidüdi", die in einer festgelegten Reihenfolge wiederholt werden. Gesangsrepertoire bis über 70 verschiedene Strophen.

**Vorkommen:** Trockene, lichte Kiefernwälder mit Waldblößen, sandige Heidegebiete, locker mit Bäumen bestandene Trockenrasen. Bei uns selten geworden. Teilzieher (März–Oktober).

**Nahrung:** Insekten, Spinnen, Knospen, grüne Pflanzenteile.

**Brut:** März–Juni, 2–3 Bruten. Sauber gefertigtes, gut verstecktes Bodennest mit tiefer Mulde aus Gräsern, Moos und Haaren; es ist sehr schwer zu finden, denn die Altvögel benehmen sich am Nest sehr unauffällig.

## Uferschwalbe
*Riparia riparia*  E Sand Martin
Familie Schwalben  F Hirondelle de rivage

Merkmale: Kleinste europäische Schwalbe, deutlich kleiner als Haussperling. Oberseite braun, Unterseite weiß mit braunem Brustband (siehe Zeichnung).
Fliegt zügig, nicht so flatternd wie Mehlschwalbe. Sehr gesellig, nistet oft in großen Kolonien, zur Nahrungssuche häufig weitab über Wasserflächen. Nach der Brutzeit übernachten oft große Schwärme im Schilf.
Stimme: Ruft häufig kratzend „tschrrip" oder „tschr" und schnell gereiht „brbrbr", bei Gefahr scharf „zier". Gesang unauffällig zwitschernd, meist in Nistplatznähe zu hören.
Vorkommen: Sandige Steilufer und Sandgruben in der Nähe des Wassers; Meeresküste. Bei uns nur gebietsweise brütend. Gefährdung hauptsächlich durch Materialentnahme in Sandgruben während der Brutzeit; hierbei wird der Brutablauf gestört, und oft geht dadurch die gesamte Brut zugrunde. Weitere Gefährdungsursache ist die Rekultivierung alter Sandgruben.
Sommervogel (April–Oktober).
Nahrung: Kleininsekten, die ausschließlich im Flug erbeutet werden.
Brut: Mai–August, 2 Bruten.
Beide Partner graben eine 60–100 cm lange, waagerechte Höhle mit querovalem Flugloch in Steilwände; Bruthöhlen meist in Linien nebeneinander angeordnet.

25

## Rauchschwalbe
*Hirundo rustica*  E Swallow
Familie Schwalben  F Hirondelle de cheminée

<u>Merkmale:</u> Knapp haussperlingsgroß, aber sehr schlank, mit auffallend langen Schwanzspießen. Oberseite und Kropf metallisch blauschwarz, Stirn und Kehle rotbraun (siehe Zeichnung).
Eleganter, reißender Flug, bei schlechtem Wetter oft bodennah oder knapp über Wasserflächen. Sitzt häufig auf Telefondrähten und singt. Besonders außerhalb der Brutzeit gesellig.
<u>Stimme:</u> Häufigster Ruf ein helles „witt witt", bei Gefahr durchdringend „ziwitt" oder „ziwitziwitt". Gesang halblaut aus schnell aneinandergereihten plaudernden und zwitschernden Tönen mit schnurrendem Schlußteil.
<u>Vorkommen:</u> Häufigste Schwalbe in ländlicher Umgebung; zur Nahrungssuche oft über Wiesen und Gewässern.
Sommervogel: (April–Oktober).
<u>Nahrung:</u> Kleine Insekten, die ausschließlich im Flug erbeutet werden.
<u>Brut:</u> Mai–September, 2–3 Bruten.
Nistet meist im Innern von Gebäuden auf einer Konsole direkt an einer senkrechten Wand. Schalenförmiges Nest aus Lehm und Halmen.
Verwechslungsmöglichkeit mit dem Mauersegler, der kein Singvogel ist, sondern zu den Seglern gehört. Er ist größer, Schwanzspieße fehlen, Flügel sichelförmig, Gefieder rußschwarz.

---

| **Mehlschwalbe** | |
| --- | --- |
| *Delichon urbica* | E House Martin |
| Familie Schwalben | F Hirondelle de fenêtre |

**Merkmale:** Von der Rauchschwalbe von weitem durch weißen Bürzel, reinweiße Unterseite und kurzen, gegabelten Schwanz ohne lange Schwanzspieße unterschieden (siehe Zeichnung). Oberseite metallisch blauschwarz, Jungvögel mehr bräunlich.
Fliegt mehr flatternd und weniger elegant als Rauchschwalbe, jagt meist in größerer Höhe. Sehr gesellig.
**Stimme:** Ruft häufig „prrt", „trtrtr" oder „dschrb", bei Gefahr hoch und durchdringend „zier". Gesang recht unauffällig und vokalarm zwitschernd, nicht so abwechslungsreich wie Rauchschwalbengesang und ohne das schnurrende Endmotiv.

**Vorkommen:** Häufig in Dörfern, Siedlungen; in Städten zunehmend seltener; als ursprünglicher Felsbrüter auch in Steinbrüchen. Im Gebirge in höheren Lagen als die Rauchschwalbe.
Sommervogel von April–Oktober.
**Nahrung:** Kleininsekten, die ausschließlich im Flug erbeutet werden.
**Brut:** Mai–September, 2–3 Bruten.
Nistet außen an Gebäuden, meist unter Dachvorsprüngen; oft in größeren, dichten Kolonien. Sauber gemörteltes, halbkugeliges Lehmnest, das bis auf ein kleines Einflugloch geschlossen ist.
Nisthilfe siehe Seite 123.

## Baumpieper
*Anthus trivialis*
Familie Stelzen

E Tree Pipit
F Pipit des arbres

<u>Merkmale:</u> Größe wie Haussperling, aber schlanker. Brust gelblich-braun, dunkel gestreift, äußere Schwanzfedern weiß, Beine rötlich, relativ kurze Hinterzehenkralle. Einziger europäischer Pieper, der regelmäßig im Wald anzutreffen ist.

Singt von hohen Baumspitzen aus oder in kurzem Singflug, wobei der Vogel von der Singwarte aufsteigt, kurz vor dem höchsten Punkt seine Strophen beginnt und dann in fallschirmartiger Flügelhaltung zum Ausgangspunkt oder zu einer anderen Singwarte herabgleitet. Nach dem Landen singt der Vogel auf seiner Singwarte noch etwas weiter.

<u>Stimme:</u> Ruft hoch und heiser „psieh", Flugruf „psi", bei Gefahr ein taktmäßig wiederholtes „tsitt". Gesang laut schmetternd und zwitschernd mit trillernden und pfeifenden Touren wie „zia-zia-zia", „zizizi-zi-zi" oder „üiüiüi-üi-üi".

<u>Vorkommen:</u> Ränder von Laub- und Nadelwald, Lichtungen, lockere Baumbestände, Moore und Heiden mit Einzelbäumen.

Sommervogel (April – September).

<u>Nahrung:</u> Hauptsächlich Insekten, Spinnen und andere Kleintiere am Boden.

<u>Brut:</u> Mai–Juli, 2 Bruten.

Gut verstecktes Nest aus trockenen Halmen, Moos und Blättchen, im Bodenbewuchs.

28

### Wiesenpieper
*Anthus pratensis*    E Meadow Pipit
Familie Stelzen    F Pipit farlouse

<u>Merkmale:</u> Vom sehr ähnlichen Baumpieper hauptsächlich anhand von Stimme und Lebensraum unterschieden. Färbung insgesamt grauer, Brust weniger gelblich und zarter gestreift.
Haltung meist weniger aufgerichtet als Baumpieper; häufiger am Boden. Singflug seltener und meist von einer Bodenerhebung aus aufsteigend; Gesangsbeginn schon vor dem Start zum Singflug; kehrt beim Herabgleiten nicht zum Ausgangspunkt zurück.

<u>Stimme:</u> Ruft hoch „ist" oder „ististist", oft beim Auffliegen; in Nestnähe oft langanhaltend und monoton „tlitlitli". Gesang hoch und dünn, meist durch schneller werdende „tsip"-Folgen eingeleitet, worauf lange, klirrende Touren folgen, zum Schluß leiser werdende, abfallende Töne.

<u>Vorkommen:</u> Moore, Feuchtwiesen, Heiden, Dünen, Ödland; im Gebirge auf Bergwiesen bis zur Baumgrenze. Im Süden deutlich seltener.
Teilzieher.

<u>Nahrung:</u> Hauptsächlich Insekten und andere Kleintiere, die meist am Boden erbeutet werden; daneben feine Samen.

<u>Brut:</u> April–Juni, 2 Bruten.
Lockeres und wenig kunstvolles Bodennest aus trockenen Halmen, Stengeln und Haaren, meist gut versteckt unter einem Grasbüschel.

| Wasserpieper | |
|---|---|
| *Anthus spinoletta* | E Water Pipit |
| Familie Stelzen | F Pipit spioncelle |

<u>Merkmale:</u> Größer und schlanker als Baumpieper. Oberseite hellgrau, weißlicher Überaugenstreif; Unterseite ungefleckt, rötlich überhaucht; Beine sehr dunkel, Hinterzehenkralle lang; Altvögel im Winter und Jungvögel mit weißlicher, dunkel längsgestrichelter Brust.

Wippt manchmal nach Stelzenart mit dem Schwanz. Wenig gesellig, scheu. Der Gesang wird fast ausschließlich im Singflug vorgetragen, er beginnt kurze Zeit nach dem Start. Legt beim Singflug, der oft von einem Stein aus beginnt, meist längere Strecken zurück.

<u>Stimme:</u> Ruft etwas tiefer als Wiesenpieper „psiet" oder „hisst", in Nestnähe taktmäßig wiederholte „zitt"-Reihen. Gesang aus langen Touren von teilweise geräuschhaftem Charakter, aber auch reintonige Touren wie „füifüi...", am Anfang lange, beschleunigte „zwizwi...".

<u>Vorkommen:</u> Bergwiesen und Hochmatten, meist über 1200 m Höhe; außerhalb der Brutzeit häufig an Fluß- und Seeufern, auf Ödland.
Teilzieher.

<u>Nahrung:</u> Bodeninsekten, Spinnen, kleine Würmer und Schnecken.

<u>Brut:</u> April–Juni, 1–2 Bruten. Nest in Bodenmulde oder unter Grasbüschel versteckt, aus Halmen, Gräsern, Moos und Haaren gebaut.

## Brachpieper
*Anthus campestris*    E Tawny Pipit
Familie Stelzen    F Pipit rousseline

<u>Merkmale:</u> Größer und schlanker als Baumpieper. Wirkt durch langen Schwanz, lange Beine und gelegentliches Schwanzwippen stelzenartig; Kralle der Hinterzehe relativ kurz. Gefieder hell, fast ungestreift, sandfarben; deutlicher heller Überaugenstreif. Jungvögel mit gefleckter Unterseite.

Singt oft in kreisendem, wellenförmigem Singflug, wobei der Vogel am Ende mit vibrierenden Flügeln abwärts gleitet.

<u>Stimme:</u> Ruft sperlings- oder lerchenähnlich: Flugruf „tschrl" oder „psia", beim Abflug oft „ziehp". Gesang ein mehrfach wiederholtes „zirluih", „tschrlie" oder „träih", wirkt monoton.

<u>Vorkommen:</u> Steppenlandschaften, offenes, trockenes Ödland mit steinigem oder sandigem Boden, Brachflächen, Dünen, Heidegebiete, Weinberge. Bei uns selten geworden, nur lokal brütend. Gefährdungsursachen sind Störungen durch Erschließung und Freizeitrummel, Rekultivierung von Ödland und Entnahmestellen und die Aufforstung von Heideflächen. – Sommervogel (April–September).

<u>Nahrung:</u> Kleine Bodeninsekten, Spinnen.

<u>Brut:</u> Mai–Juni, 2 Bruten. Relativ großes Nest aus trockenem Gras, Blättern und Wurzeln, in einer Bodensenke unter Grasbüschel oder Heidekraut versteckt.

31

## Bachstelze
*Motacilla alba*    E White Wagtail
Familie Stelzen    F Bergeronnette grise

**Merkmale:** Größe ähnlich Haussperling, aber viel längerer Schwanz und lange, schlanke Beine. Gefieder kontrastreich schwarz-weiß-grau; Weibchen etwas blasser als Männchen, schwarze Kopfzeichnung reicht nicht so weit in den Nacken. Jungvögel oberseits bräunlich-grau, braungraues Brustband.
Läuft mit schnellen Trippelschritten am Boden, macht dabei rhythmische Kopfbewegungen und wippt ständig mit dem Schwanz. Fängt Insekten oft in kurzem Jagdflug.
**Stimme:** Ruft hart „zit", „ziwlitt" oder „zititip", häufig im Flug. Die Flugbahn verläuft stark wellenförmig, wobei nach jedem Bogen ein Ruf erfolgt. Gesang zwitschernd und schwätzend, wird ohne deutliche Stropheneinteilung vorgetragen und ist nur selten zu hören.
**Vorkommen:** Häufig in offenem Gelände nahe am Wasser; in Dörfern, Städten, an Einzelgehöften; außerhalb der Brutzeit oft an Seen und Flüssen, auf Wiesen, Äckern. Teilzieher (März–November).
**Nahrung:** Hauptsächlich Insekten, Spinnen.
**Brut:** April–August, 2 Bruten. Unordentliches Nest aus Zweigen, Halmen, Blättern und Moos, in Halbhöhlen wie Mauer- und Baumlöcher, auf Dachbalken, an Wehranlagen und sogar in Holzstößen und ähnlichen Stellen.

## Schafstelze
*Motacilla flava*
Familie Stelzen

E Blue-headed Wagtail
F Bergeronnette printanière

**Merkmale:** Etwas kleiner und kurzschwänziger als Bachstelze, Unterseite einfarbig gelb, Kopf schiefergrau mit weißem Überaugenstreif. Weibchen blasser als Männchen, Kopf olivgrün; Jungvögel oberseits graubraun, unterseits weißlich mit schwärzlichem Kropfband. zur Zugzeit tritt bei uns auch die nordische Rasse *M.f. thunbergi* auf; Oberkopf schwärzich, Überaugenstreif fehlt.

Wippt fast ständig mit dem Schwanz. Oft in direkter Nähe von Weidevieh anzutreffen. Sehr gesellig außer zur Brutzeit.

**Stimme:** Ruft häufig im Flug scharf „psiehp", bei Gefahr „sriesrie". Gesang selten zu hören, aus kurzen, rufähnlichen Tönen wie „zier zier..." und tschilpenden Elementen; wird auch im kurzen, wellenförmigen Singflug vorgetragen.

**Vorkommen:** Weniger eng an Wasser gebunden als andere Stelzen; Moore, Sümpfe, Heidelandschaften, Wiesen und Weiden des Tieflandes, auch auf Äckern und Feldern; außerhalb der Brutzeit an Fluß- und Seeufern, auf Kiesbänken und Ödflächen. – Sommervogel (März–September).

**Nahrung:** Vorwiegend Insekten, deren Larven und Spinnen.

**Brut:** Mai–Juli, 1–2 Bruten. Lockeres Nest aus Halmen, Gräsern und Würzelchen in einer Mulde unter dichtem Bodenbewuchs.

33

| Gebirgsstelze | |
|---|---|
| *Motacilla cinerea* | E Grey Wagtail |
| Familie Stelzen | F Bergeronnette des ruisseaux |

**Merkmale:** Von der Schafstelze durch viel längeren Schwanz, einheitlich grauen Rücken und dunklere Flügel unterschieden. Weibchen-, Ruhe- und Jugendkleid mit weißlicher Kehle.

Zur Brutzeit nur an fließendem Wasser anzutreffen; fliegt schnell und wellenförmig, flattert häufig von Stein zu Stein im Wasser, um Insekten zu fangen. Wippt am Boden ständig mit Schwanz und Hinterkörper.

**Stimme:** Schärfer und höher als Bachstelze; im Flug durchdringend „ziss-zissziss", bei Gefahr schrill „sissiht". Gesang ein mit Pfeiftönen und Rollern durchsetztes Zwitschern, in das Rufe eingeflochten werden. Der Gesang wird von niedriger Warte oder im Flug vorgetragen.

**Vorkommen:** Schnellfließende Bäche und seichte Flüsse der Gebirge (bis 1800 m Höhe), im Flachland meist an Stauwehren, Brücken und Mühlgräben; außerhalb der Brutzeit auch an Seen, Parkteichen.

Teilzieher, überwintert bei uns häufig.

**Nahrung:** Insekten, Spinnen, kleine Würmer und Krebstiere am Wasser.

**Brut:** März–Juli, 2 Bruten.

Nest aus Zweigen, Gras und Moos, mit Haaren ausgelegt, in Nischen an Felsen, zwischen Baumwurzeln, unter Brücken, stets in Ufernähe.

34

**Rotkopfwürger**
*Lanius senator*     E Woodchat Shrike
Familie Würger     F Pie-grièche à tête rousse

<u>Merkmale:</u> Größe etwa wie Neuntöter, durch rostroten Oberkopf und Nacken unverwechselbar. Weibchen (siehe Foto) etwas blasser als Männchen. Jungvögel leicht mit jungen Neuntötern zu verwechseln, aber oberseits mehr braun, Schulter- und Bürzelbereich heller, weißer Flügelspiegel nur angedeutet.

Sitzt nicht so häufig auf exponierten Warten wie Neuntöter, Lebensweise versteckter. Spießt manchmal Beutetiere auf Dornen auf.

<u>Stimme:</u> Ruft haussperlingsähnlich „dscherrt", schackernd und hölzern „dschä-dschä", bei Erregung gereiht. Gesang anhaltend und plaudernd mit rauhen und harten Lauten sowie vielen Imitationen anderer Vögel.

<u>Vorkommen:</u> Offene Landschaft mit Büschen und Feldgehölzen, Streuobstflächen, Heidelandschaften, Alleen. Durch Rückgang von Streuobstflächen bei uns sehr selten geworden, fast nur noch in warmen Gegenden Süddeutschlands.

Sommervogel (April–September).

<u>Nahrung:</u> Große Insekten, vor allem Käfer und Hummeln.

<u>Brut:</u> Mai–Juli, 1 Brut.

Festgefügtes Nest aus Reisern, Halmen und Wurzeln, häufig in 2–6 m Höhe auf waagrechten Ästen von Apfel- und Birnbäumen.

35

## Raubwürger
*Lanius excubitor*  E Great Grey Shrike
Familie Würger  F Pie-grièche grise

<u>Merkmale:</u> Größter europäischer Würger, etwas kleiner als Amsel. Gefieder wirkt aus der Ferne hell schwarz-weiß. Breiter, schwarzer Augenstreif.

Sitzt häufig in waagrechter Haltung auf erhöhten Warten und späht nach Beute. Klemmt Beutetiere in Astgabeln ein. Flug (siehe Zeichnung) langsam und bogenförmig, rüttelt manchmal wie Turmfalke; bewegt nach dem Landen den Schwanz hin und her.

<u>Stimme:</u> Ruft scharf zwei- oder dreisilbig „wääd" oder „schriä", häufig elsterartiges Schäckern. Gesang aus Kurzstrophen bestehend, klingt oft metallisch oder vibrierend, z. B. „tlütirüü" oder „üü-tschrli"; daneben auch kontinuierliche, schwätzende Gesangsformen mit Imitationen anderer Vogelstimmen.

<u>Vorkommen:</u> Moor- und Heidegebiete mit Baumgruppen, Waldränder, Heckenlandschaften, Obstgärten; bei uns selten geworden. Teilzieher.

<u>Nahrung:</u> Großinsekten, Vögel, Mäuse, Eidechsen, Spitzmäuse, Kleinvögel. Bei reichem Nahrungsangebot wird die Beute zum späteren Verzehr auf Dornen aufgespießt.

<u>Brut:</u> April–Juni, 1 Brut. Nest aus Zweigen, Moos, Halmen und grünen Pflanzenteilen auf einer Reisigunterlage, in dichtem Dornengestrüpp oder hoch auf Bäumen.

## Neuntöter
*Lanius collurio*    E Red-backed Shrike
Familie Würger    F Pie-grièche écorcheur

**Merkmale:** Größe zwischen Haussperling und Amsel. Männchen mit auffallender Färbung: hellaschgrauer Oberkopf, dicker, schwarzer Augenstreif und rotbrauner Rücken. Weibchen ohne Augenstreif, unauffällig gefärbt. Sitzt oft auf erhöhter Warte; bei Erregung drehende Schwanzbewegungen. Flug geradlinig, rüttelt manchmal. Spießt bei Nahrungsüberschuß Beutetiere auf Dornen und Stacheldraht auf.

**Stimme:** Ruft erregt „dschää" oder hart „trrt-trrt", oft auch nasal „kewewi". Gesang selten zu hören, abwechslungsreich schwätzend, mit gepreßten Lauten; häufig mit eingeflochtenen Imitationen anderer Vogelstimmen. Bettelrufe der flüggen Jungen laut und durchdringend „quää".

**Vorkommen:** Moor- und Heideflächen, Waldränder mit Dorngebüsch, Kulturlandschaft mit breiten Hecken und einzelnen Büschen.
Sommervogel (April–September).

**Nahrung:** Großinsekten (Laufkäfer, Mistkäfer, Heuschrekken, Hummeln), kleine Eidechsen, junge Mäuse und kleine Vögel.

**Brut:** Mai–Juli, 1 Brut.
Nest niedrig in dornigen Büschen, aus Halmen und Moos, innen mit Haaren und Würzelchen ausgepolstert.

| Heckenbraunelle | |
|---|---|
| *Prunella modularis* | E Hedge Sparrow oder Dunnock |
| Familie Braunellen | F Accenteur mouchet |

<u>Merkmale:</u> In Größe und Gefiederfärbung ähnlich Haussperling, aber schlanker und mit feinem Schnabel, Kopf und Brust bleigrau.
Verhalten sehr unauffällig, hüpft oft am Boden in geduckter Haltung, meist in Deckungsnähe; zuckt häufig mit den Flügeln. Flug wirkt huschend. Singt ab März ausdauernd auf jungen Nadelbäumen (siehe Zeichnung). Wenig gesellig.
<u>Stimme:</u> Ruft bei Störung hoch pfeifend und gedehnt „zieh", im Flug oft hohes, reines „dididi" zu hören, zur Zugzeit im Herbst „zihdit". Gesang wohlklingend, eine kontinuierliche Zwitscherfolge von hellem Klangcharakter, leicht auf- und absteigend, wirkt eilig. Die Lautstärke und die Strophenlänge variieren erheblich; singen zwei Reviernachbarn zur gleichen Zeit, sind die Strophen wenig abwechslungsreich und nur kurz.
<u>Vorkommen:</u> Häufig in Nadel- und Mischwald, in Parks, Friedhöfen und verwilderten Gärten mit dichtem Gebüsch, im Gebirge bis zur Latschenregion.
Teilzieher (März–Oktober); überwintert regelmäßig bei uns.
<u>Nahrung:</u> Insekten, Spinnen, im Winterhalbjahr feine Samen.
<u>Brut:</u> April–Juni, 2 Bruten.
Festgefügtes Moosnest mit einem Unterbau aus Reisern, oft in Jungfichten und Gebüsch.

### Alpenbraunelle
*Prunella collaris*    E Alpin Accentor
Familie Braunellen    F Accenteur alpin

**Merkmale:** Größer, gedrungener und lebhafter gefärbt als Heckenbraunelle. Kinn und Kehle weißlich mit feiner, schwarzer Schuppenzeichnung, Flanken mit großen rotbraunen Flecken, zwei unscheinbare, helle Flügelbinden. Häufiges Flügelzucken und lerchenartige Bewegungen typisch; Flug bogenförmig, erinnert an Finken.

**Stimme:** Ruft häufig „drür" oder (im Flug) tschilpend „dschirr", daneben „djü djü djü"; Rufe oft schwer zu orten. Gesang meist von einer Warte aus vorgetragen, aber auch in hohem Singflug; er innert im Rhythmus etwas an Feldlerche, ist langsamer und tiefer als der der Heckenbraunelle, harte Triller und schwätzende Töne sind kennzeichnend.

**Vorkommen:** Sonnige Felsabbrüche, alpine Matten mit Felsblöcken, Steinhalden, über 1500 m Höhe; häufig in der Nähe von bewirtschafteten Berghütten; im Winterhalbjahr auch in tieferen Lagen, doch nur in strengen Wintern bis in die Siedlungen vordringend. Jahresvogel.

**Nahrung:** Insekten, Spinnen, Würmer, Schnecken, im Winter vor allem Sämereien.

**Brut:** Mai–August, 1–2 Bruten. Nest aus Wurzeln, Stengeln, Moos und Flechten, in einer Bodensenke oder Felsspalte oder unter Alpenrosen gut versteckt.

## Feldschwirl
*Locustella naevia*
Familie Grasmücken

E Grasshopper Warbler
F Locustelle tachetée

<u>Merkmale:</u> Kleiner und schlanker als Haussperling. Oberseite oliv- bis gelblichbraun mit dunkler Fleckung, Unterseite weißlich, schwach gestreift. Jungvögel mit gefleckter Brust. Schwanz deutlich abgerundet. Bestimmung meist nur anhand des Gesanges möglich.

Scheu, lebt versteckt in dichtem Pflanzenwuchs; huscht wie eine Maus gewandt in bodennaher Vegetation, fliegt nur selten auf.

<u>Stimme:</u> Ruft bei Erregung „tschek tschek", am Nest scharf „pitt", bei Alarm meist gereiht. Gesang weit hörbar, ein gleichmäßiges, mechanisches Schwirren auf derselben Tonhöhe, das leise beginnt und oft minutenlang anhält; nur schwer lokalisierbar. Jedes Männchen hat seinen eigenen, nach der Tonhöhe unterscheidbaren Gesangstyp. Singt auch nachts.

<u>Vorkommen:</u> Dichtes Gebüsch in Sumpfgebieten, hochgrasige Feuchtwiesen, Bruch- und Auwälder, aber auch Heideflächen, trockene Waldlichtungen und sogar Fichtenschonungen mit hohem Gras. – Sommervogel (April–September).

<u>Nahrung:</u> Insekten, deren Larven, Spinnen.

<u>Brut:</u> Mai–Juli, 1–2 Bruten. Tiefes Napfnest aus Gras und Halmen mit einem Unterbau aus alten Blättern, bodennah in dichter Vegetation.

## Rohrschwirl
*Locustella luscinoides*     E Savi's Warbler
Familie Grasmücken     F Locustelle luscinoïde

<u>Merkmale:</u> Etwas größer als Feldschwirl; Färbung nachtigallähnlich und anders als Feldschwirl ohne Fleckung auf Ober- und Unterseite; Schwanz breit abgerundet, deutlich gestuft; undeutlicher, kurzer Überaugenstreif.

Hält sich wie Feldschwirl meist in dichter Vegetation auf und huscht mausartig, aber nicht so schwer zu sehen; zuckt mit Flügeln und Schwanz, richtet manchmal den Schwanz auf. Singt im Gegensatz zu Feldschwirl häufig hoch auf Schilfhalmen.

<u>Stimme:</u> Ruft bei Störung „pit", scharf „zick" oder hart schnarrende Folgen. Gesang ähnlich dem des Feldschwirls, aber tiefer, mehr vokalisch und kürzer; von nahem oft einleitende Elemente zu hören, die sich beschleunigen und nach wenigen Sekunden in das Schwirren übergehen: „tik tiktik-tik…örrr …".

<u>Vorkommen:</u> Stark an Wasser und Schilf gebunden; ausgedehnte Verlandungszonen an Gewässern mit Schilf, Rohrkolben und Binsen. Bei uns selten, fehlt gebietsweise.

Sommervogel (April–September).

<u>Nahrung:</u> Insekten, deren Larven, Spinnen.

<u>Brut:</u> Mai–Juli, 2 Bruten.

Großes, keilförmiges Nest aus Halmen und Schilfblättern, in dichtem Schilf, oft auf Bülten knapp über dem Wasser.

## Teichrohrsänger
*Acrocephalus scirpaceus*  E Reed Warbler
Familie Grasmücken  F Rousserolle effarvatte

Merkmale: Kleiner und schlanker als Haussperling; vom Sumpfrohrsänger im Feld fast nur anhand der Stimme zu unterscheiden. Schnabel etwas feiner, Stirn flacher, Füße dunkler, Oberseitenfärbung mehr rötlichbraun. Jungvögel beider Arten gleich gefärbt.

Hält sich in der Regel im Schilf auf. Singt meist in der Deckung auf Schilfhalmen.

Stimme: Ruft bei Störung hart und wetzend „wäd", rauh „krärr" oder kurz „kra". Gesang ähnlich dem des Drosselrohrsängers, aber viel kontinuierlicher, leiser und eiliger; häufig rauhe, kratzige und nasale Töne, die 2- bis 3mal wiederholt werden, z. B. „tére-té-re-tére-schirk-schirk-schirk-zerr-zerr-twi-twi-twi".

Vorkommen: Häufig in Röhricht und dichtem Ufergebüsch am Wasser, auch in schmalen Schilfstreifen; zur Zugzeit manchmal in wasserfernem Gebüsch.

Sommervogel (Mai–September).

Nahrung: Insekten, Spinnen.

Brut: Mai–August, 1 Brut.

Stabiles Nest mit tiefer Mulde, aus Gras und Halmen, zwischen senkrechte Schilfhalme geflochten; meist in 1–1,5 m Höhe über dem Wasser gebaut. Der Nestrand und die Trägerhalme werden mit Pflanzenwolle und Spinnweben verfestigt, die Auspolsterung des Nestes erfolgt mit feinen Gräsern, Haaren und Federn.

### Sumpfrohrsänger
*Acrocephalus palustris*  E Marsh Warbler
Familie Grasmücken  F Rousserolle verderolle

**Merkmale:** Ohne Kenntnis der Gesangsunterschiede kaum sicher vom Teichrohrsänger zu unterscheiden. Oberseite mehr olivbraun, Stirn nicht so flach. Nicht so scheu wie der Teichrohrsänger; singt auch nachts.

**Stimme:** Ruft oft „tschak", „tuik" oder wetzend „wäd". Gesang überaus wohlklingend und abwechslungsreich, eine kontinuierliche und schnelle Folge von brillanten Nachahmungen anderer Vögel, dabei immer wieder auftretende quirlende, quetschende und knarrende Töne. Häufig Imitationen von Blau-und Kohlmeise, Amsel, Buchfink, Rauchschwalbe, Stieglitz, Bach- und Schafstelze, Feldlerche, Star, Haus- und Feldsperling, Wachtel, sowie vieler anderer Vogelarten. Zusätzlich erlernen Sumpfrohrsänger auf dem Zug eine Vielzahl von Stimmen afrikanischer Vogelarten, die sie in ihren Gesang einflechten.

**Vorkommen:** Üppiges Gebüsch an Gewässern, Hochstaudenfluren, Brennesseldickicht, Weidengebüsch, Hecken, Getreide- und Rapsfelder, verwilderte Gärten. Sommervogel (Mai–September).

**Nahrung:** Insekten, Spinnen.

**Brut:** Mai–Juli, 1 Brut. Nest lockerer und flacher als beim Teichrohrsänger, aus Halmen, Stengeln und Pflanzenwolle, meist in Hochstauden zwischen mehrere Halme geflochten.

## Drosselrohrsänger
*Acrocephalus arundinaceus*     E Great Reed Warbler
Familie Grasmücken     F Rousserolle turdoïde

**Merkmale:** Deutlich größer (fast wie Singdrossel) und plumper als die anderen Rohrsänger, kräftiger Schnabel.
Fliegt langsam und etwas schwerfällig, meist mit leicht gefächertem Schwanz; klettert oft singend an Schilfhalmen empor, relativ leicht zu beobachten.
**Stimme:** Ruft bei Störung hart „karr", in Nestnähe „zäck-zäck". Gesang sehr laut und rauh, deutlich abgesetzte kurze Strophen in mäßigem Tempo; tiefe, knarrende Folgen wechseln mit hohen, wohltönenden ab, z. B. „karre-karre-karre-kiet-kiet-kiet drüdrüdrü dore-dore-dore tsiep-tsiep-tsiep…".
**Vorkommen:** Zum Wasser weisende Ränder von ausgedehnten Schilfwäldern an Seen, Teichen und Flüssen. Bei uns selten geworden. – Sommervogel (April–September).
**Nahrung:** Insekten, Spinnen, Wasserinsekten und winzige Frösche.
**Brut:** Mai–Juli, 1 Brut.
Stabiles Hängenest mit tiefer Mulde, aus Schilfblättern erbaut, meist bis 1 m Höhe zwischen senkrechte Schilfhalme geflochten. Das Baumaterial wird vorher ins Wasser getaucht, damit es sich leichter um die Rohrhalme schlingen läßt. Nach dem Trocknen ist das fertige Nest sehr fest und kann auch stärkerem Wind standhalten.

44

## Schilfrohrsänger
*Acrocephalus schoenobaenus*  E Sedge Warbler
Familie Grasmücken  F Phragmite des joncs

Merkmale: Größe wie Teichrohrsänger. Dunkler Scheitel und deutlicher weißlicher Überaugenstreif kennzeichnend; Oberseite kräftig dunkel gestreift.

Lebt ähnlich versteckt wie andere Rohrsänger, sitzt jedoch beim Singen oft auf exponierten Warten, startet von dort häufig zu kurzem Singflug (siehe Zeichnung) und gleitet dann zu einer anderen Stelle im Schilf, wo er fleißig weitersingt. Fliegt meist nur kurz und niedrig; oft mit deutlich abgesenktem Schwanz.

Stimme: Ruft bei Störung hart „zäck", „tsrr" oder schnarrend „karrr...". Gesang, meist durch einige kurze „trr" eingeleitet, erinnert etwas an Teichrohrsänger, aber viel längere Strophen und schnelleres Tempo; oft mehrmalige Wiederholungen; Klangcharakter schnarrend, auch lange, wohlklingende Tonfolgen, viele Imitationen anderer Vögel, häufiges Motiv „woid-woid-woid".

Vorkommen: Röhrichtgürtel, schilfdurchsetztes Weidengebüsch an Ufern und Gräben, manchmal in Getreidefeldern. Bei uns selten, besonders im Süden.

Sommervogel (April–Oktober).

Nahrung: Insekten und deren Larven, Spinnen.

Brut: Mai–Juli, 1 Brut.

Umfangreiches Nest aus Halmen, Schilfblättern, Seggen und Moos, meist bodennah in Schilf oder Weidengebüsch.

### Geibspötter
*Hippolais icterina*    E Icterine Warbler
Familie Grasmücken    F Hypolaïs ictérine

<u>Merkmale:</u> Kleiner und schlanker als Haussperling. Gefieder auffallend gelblich, zum Ende des Sommers hin jedoch oft deutlich verblaßt; Gestalt rohrsängerartig, langer, orangefarbener Schnabel. Hält sich meist in Laubbäumen auf. Singt oft in der Deckung des Laubwerkes, aber auch frei, dabei orangeroter Rachen und gesträubte Kopffedern auffallend.

<u>Stimme:</u> Ruft häufig „dederoid". „tetedwi", bei Störung hart „tetete" oder sperlingsartig „errr". Gesang laut und abwechslungsreich, ohne deutliche Strophengliederung, Klangfarbe rauh, heiser und gequetscht, daneben wohltönende, pfeifende und langgezogene Elemente. Viele Imitationen anderer Vögel, z. b. Amsel, Wacholderdrossel, Star, Rauchschwalbe, Blaumeise, Pirol, Buchfink, Buntspecht. Die Gesänge der einzelnen Männchen weisen eine unterschiedliche Zusammensetzung ihrer Imitationen auf und sind so individuell erkennbar.

<u>Vorkommen:</u> Lichte Laub- und Auwälder, unterholzreiche Parks, Feldgehölze, Gärten. Sommervogel (Mai–August).

<u>Nahrung:</u> Insekten, deren Larven, Spinnen.

<u>Brut:</u> Mai–Juli, 1 Brut. Sauberes Napfnest aus Halmen, Wurzeln, Blättern und Baumrinde, mit Gespinsten verfilzt, in Astgabeln von Büschen und Jungbäumen in 1–3 m Höhe.

| **Mönchsgrasmücke** | |
|---|---|
| *Sylvia atricapilla* | E Blackcap |
| Familie Grasmücken | F Fauvette à tête noire |

<u>Merkmale:</u> Knapp haussperlingsgroß, aber schlanker. Gefieder grau, Männchen mit schwarzer, Weibchen mit rotbrauner, junge Männchen im Herbst mit dunkelrot-brauner Kopfplatte.

Bewegt sich sehr elegant. Recht versteckte Lebensweise in Gebüsch und Bäumen. Männchen singt meist in dichtem Blattwerk verborgen.

<u>Stimme:</u> Ruft heiser „wäd-wäd-wäd", vor dem Abfliegen leise „dididi", bei Störung häufig hart „tack" oder „tzeck", bei starker Erregung schnell gereiht und schnarrend. Gesang beginnt mit leisem, schwätzendem Vorgesang und geht plötzlich in laute, klare Flötentöne mit großen Intervallsprüngen über (Überschlag); in beiden Gesangsteilen Imitationen anderer Vogelarten möglich; gebietsweise Männchen mit reduziertem Überschlag, klingt wie „diladiladila".

<u>Vorkommen:</u> Häufig in lichten Laub- und Nadelwäldern, Auwäldern, Fichtenschonungen, Parks und Gärten. Sommervogel (April–Oktober).

<u>Nahrung:</u> Insekten, Spinnen; im Herbst auch Beeren und Obst.

<u>Brut:</u> Mai–Juli, 1–2 Bruten. Zierliches Nest aus Stengeln, Grashalmen und Würzelchen, am Rand mit Spinnweben durchwoben und mit der Trägerpflanze verflochten; meist niedrig in dichtem Gebüsch.

## Gartengrasmücke
*Sylvia borin*  E Garden Warbler
Familie Grasmücken  F Fauvette des jardins

<u>Merkmale:</u> Größe wie Mönchsgrasmücke. Ohne auffällige Gefiedermerkmale. Kopf rundlich, Schnabel relativ kurz; wirkt etwas plump.
Verläßt meist nur kurz die Deckung, um gleich wieder im Gebüsch zu verschwinden, daher ohne Kenntnis des Gesangs schwer zu beobachten.
<u>Stimme:</u> Alarmruf anhaltende, taktmäßig wiederholte „wet-wet-wet", daneben rauhes „tscharrr" und laubsängerartig weiches „uit". Gesang wohltönend und in langen Strophen, anhaltend „plätschernd", erinnert durch kräftige, orgelnde Elemente an Amselgesang. Strophen in der Tonlage tiefer als die der Mönchsgrasmücke.

Imitiert manchmal Stimmen anderer Vögel, z.B. Buchfinkenschlag. Singt bei Beunruhigung leise und gequetscht klingende Strophen.
<u>Vorkommen:</u> Dichtes, hohes Gebüsch, Uferdickicht, buschreiche Waldränder, unterholzreiche Wälder und Parks; seltener in Gärten als Mönchsgrasmücke; im Gebirge bis 2000 m Höhe, oft in Erlengebüsch.
Sommervogel (Mai–September).
<u>Nahrung:</u> Insekten, Spinnen; im Herbst viele Beeren.
<u>Brut:</u> Mai–Juli, 1–2 Bruten.
Lockeres, unordentliches Nest aus Grashalmen und Würzelchen, oft niedrig in Brennesseldikkicht oder Brombeergestrüpp.

48

## Sperbergrasmücke
*Sylvia nisoria*
Familie Grasmücken

E Barred Warbler
F Fauvette épervière

**Merkmale:** Größer als Mönchs- oder Gartengrasmücke. Stechend gelbe Augen und kräftiger Schnabel auffallend. Unterseite weißlich, beim Männchen deutlich quergebändert. Männchen oberseits aschgrau, Weibchen mehr bräunlich und blasser. Jungvögel mit schmutzigweißer Unterseite und fehlender oder angedeuteter Bänderung.

Bewegungen wirken plump; stelzt häufig den Schwanz. Singt auch im Singflug, steigt dazu mit weit ausholenden Flügelschlägen etwas auf, um dann gleich wieder die nächste Deckung oder einen Baum anzusteuern.

**Stimme:** Ruft bei Störung ratternd „trtrtr" oder „örrrr", daneben hart „tack tack". Gesang ähnlich dem der Gartengrasmücke, aber kürzere Strophen, dazwischen oft die typischen rauhen „örr"-Motive.

**Vorkommen:** Dornbuschreiche Waldränder, dornige Feldhekken, Wacholderheiden, verwilderte Parks mit Weißdorn und Schlehe. Bei uns fast nur im Nordosten, westwärts bis Schleswig-Holstein und östliches Niedersachsen.

Sommervogel (Mai–September).

**Nahrung:** Insekten, Spinnen, Beeren, Früchte.

**Brut:** Mai–Juli, 1 Brut.

Großes, lockeres und tiefmuldiges Nest aus Grashalmen und Wurzeln, meist in 0,5–2 m Höhe.

### Dorngrasmücke
*Sylvia communis*  E Whitethroat
Familie Grasmücken  F Fauvette grisette

Merkmale: Größe wie Mönchs-grasmücke. Männchen lebhaft ge-färbt mit rostbraunen Flügeln, hellgrauer Kopfkappe, weißer Kehle und schmalem weißem Au-genring; Schwanz lang mit weißen Außenkanten. Weibchen matter mit bräunlichem Kopf.

Bewegt sich rastlos in der Dek-kung. Singt oft mit gesträubtem Scheitel- und Kehlgefieder auf ei-ner Buschspitze, startet von dort aus häufig zu kurzen Singflügen mit steilem Aufstieg und verlang-samten Flügelschlägen, um gleich wieder in die Deckung zurückzu-kehren (siehe Zeichnung).

Stimme: Ruft bei Störung oft „woi woid-wid-wid", daneben hart „tschrp" und gereiht „tschäk".

Gesang eilig zwitschernd, aus kurzen, rauhen, aber wohlklin-genden Strophen, häufig Imitatio-nen anderer Vogelarten, beson-ders während der Singflüge.

Vorkommen: Dorniges Ge-strüpp, Feldhecken, Raine mit Einzelbüschen, Bahndämme, auf-gelassene Kiesgruben, stark ver-wilderte Gärten. – Sommervogel (April–September).

Nahrung: Insekten, Spinnen; im Herbst auch Beeren.

Brut: Mai–Juli, 1–2 Bruten. Tiefmuldiges, wenig stabiles Nest aus trockenen Halmen und Wur-zeln, in dichtem Bewuchs locker zwischen Zweigen und Stengeln eingepaßt, meist in 20–40 cm Höhe gebaut.

### Klappergrasmücke
*Sylvia curruca*    E Lesser Whitethroat
Familie Grasmücken    F Fauvette babillarde

**Merkmale:** Kleinste heimische Grasmücke, deutlich kleiner als Haussperling; aus der Nähe sind die von der weißen Kehle scharf abgesetzten schwärzlichen Wangen und der relativ kurze Schwanz sichtbar. – Fällt meist erst durch ihren klappernden Gesang auf; turnt flink im Gebüsch umher, der Flug wirkt ruckartig und huschend. Singt häufig in kurzen Pausen während der Insektensuche oder von einer Warte aus, gelegentlich auch in kurzem, horizontal verlaufendem Singflug.

**Stimme:** Ruft oft „tjäck", bei Störung ein unregelmäßig wiederholtes „tack", bei Flugfeindalarm kurz „wäd". Gesang aus zwei Teilen: Auf einen leisen, eilig schwätzenden Vorgesang folgt ein laut schmetterndes Klappern auf gleicher Tonhöhe. Der Vorgesang ist oft nicht hörbar.

**Vorkommen:** Halboffene Landschaft mit dichtem Buschwerk, Waldränder, Fichten- und Kiefernschonungen, Parks, Gärten; im Gebirge bis zur oberen Latschenregion.
Sommervogel (April–Oktober).

**Nahrung:** Insekten, Spinnen; im Herbst auch Beeren.

**Brut:** Mai–Juli, 1 Brut.
Zierliches, flaches Nest aus feinen Reisern, trockenem Gras und Würzelchen, außen oft mit eingeflochtenen Gespinsten, in 0,5–1 m Höhe in dichtem Gebüsch oder jungem Nadelbaum.

51

## Fitis
*Phylloscopus trochilus*
Familie Grasmücken

E Willow Warbler
F Pouillot fitis

<u>Merkmale:</u> Viel kleiner als Haussperling, wirkt schlank und zart. Vom sehr ähnlichen Zilpzalp am besten durch den Gesang zu unterscheiden; Gefieder insgesamt etwas gelblicher, gelblicher Überaugenstreif, Beine in der Regel (aber nicht immer) hell.

Hüpft und flattert im dichten Blattwerk umher, aber nicht so rastlos wie der Zilpzalp. Singt häufig auf freistehenden Ästen oder Spitzen von Jungbäumen, vor allem im Mai und Juni.

<u>Stimme:</u> Ruft bei Erregung weich „hü-id". Gesang flötend und schwermütig, eine klangreine, abfallende Strophe wie „tititi-dje-djüe-düe-düi-dju", im Aufbau ähnlich dem Buchfinkenschlag, aber viel weicher und schwermütiger. Jedes Männchen beherrscht mehrere Strophentypen, die es abwechselnd singt.

<u>Vorkommen:</u> Häufig in lichten Laub- und Mischwäldern, Schonungen, baumbestandenen Feuchtgebieten, Weidengebüsch an Gewässerufern, Parks und Gärten mit Birkenbestand. Sommervogel (April–Oktober).

<u>Nahrung:</u> Kleine Insekten, Spinnen.

<u>Brut:</u> Mai–Juni, 1–2 Bruten. Überdachtes Nest aus Gras und Moos, innen reichlich mit Federn gepolstert („Backöfchennest"), zwischen hohem Gras oder unter tiefhängenden Zweigen am Boden versteckt.

## Zilpzalp
### *Phylloscopus collybita*
### Familie Grasmücken

E Chiffchaff
F Pouillot véloce

**Merkmale:** Sehr ähnlich wie Fitis, aber stets mit dunklen Beinen. Gefieder meist weniger gelblich, mehr olivbraun, Unterseite weißlich, bei Jungvögeln leicht gelblich; Kopf etwas rundlicher. Wirkt insgesamt nicht so schlank wie der Fitis.

Wirkt durch rastlose Aktivität und häufiges Flügel- und Schwanzzucken hektisch. Singt häufig in Baumkronen.

**Stimme:** Ruft bei Erregung einsilbig „hüid", lauter und etwas härter als Fitis. Gesang monoton und stammelnd, eine leicht zu merkende Strophe, die wie „zilp zalp zelp zilp zalp" klingt, zwischen den Strophen oft ein gedämpftes „trrtrr". Beim Singen schlägt der Vogel den Schwanz bei jedem Ton taktmäßig nach unten. Häufig singen Zilpzalpe im Herbst. (Manche Fitisse bringen neben ihrem eigenen Gesang auch den des Zilpzalps.)

**Vorkommen:** Unterholzreicher Laub- und Mischwald, Auwald, dichtes, hohes Gebüsch, Parks, Gärten; im Gebirge bis über die Baumgrenze.

Teilzieher (März–November), überwintert manchmal bei uns.

**Nahrung:** Kleine Insekten, Spinnen.

**Brut:** April–Juli, 1–2 Bruten. Backöfchennest ähnlich wie Fitis, aber etwas lockerer und mit vielen trockenen Blättern, in dichtem, bodennahem Gestrüpp versteckt.

### Waldlaubsänger
*Phylloscopus sibilatrix*    E Wood Warbler
Familie Grasmücken    F Pouillot siffleur

<u>Merkmale:</u> Größer und langflügeliger als Zilpzalp. Kehle und Brust schwefelgelb, Bauch weiß, deutlicher schwefelgelber Überaugenstreif.
Lebt unter dem Blätterdach von älterem, hochstämmigem Laubwald. Singt meistens auf exponiertem Ast unter dem Blätterdach oder in horizontalem Singflug, langsam mit schwirrenden Flügeln von Ast zu Ast fliegend; oft gut zu beobachten, aber meistens von unten.
<u>Stimme:</u> Bei Erregung häufig ein weiches „düh" oder sanft „witwitwit". Gesang eine abfallende, trillernde Schwirrstrophe, von einigen schneller werdenden „sip" eingeleitet, klingt wie „sip sipsip-

sipsirrrr", daneben pfeifend melancholisches „düh düh düh düh düh".
<u>Vorkommen:</u> Nicht zu dichter Laub- und Mischwald mit spärlichem Unterwuchs, vor allem Buchenwald, selten in reinem Nadelwald; im Gebirge bis 1500 m Höhe.
Sommervogel (April–September).
<u>Nahrung:</u> Insekten, Spinnen und deren Entwicklungsstadien.
<u>Brut:</u> Mai–Juni, 1 Brut, gelegentlich auch 2 Bruten.
Fast kugelförmiges Backöfchennest aus Gras, Blättern und manchmal Farn, in niedrigem Bewuchs und oft durch altes Laub getarnt.

### Berglaubsänger
*Phylloscopus bonelli*
Familie Grasmücken

E Bonelli's Warbler
F Pouillot de Bonelli

<u>Merkmale:</u> Kaum größer als Zilpzalp. Gefieder unauffällig, oberseits graubraun, unterseits weißlich, Flügelbug gelb, Flügel mit gelblichen Federsäumen, Bürzel oft mit auffallendem gelblichem Fleck, der im Flug zu sehen ist. Singt von Warten, oft hoch in Bäumen, nicht im Singflug wie Waldlaubsänger.

<u>Stimme:</u> Ruft bei Erregung deutlich zweisilbig „hoihd" oder „däid". Gesang eine kurze, trillernde Schwirrstrophe, ähnlich der des Waldlaubsängers, aber ohne die einleitenden, sich beschleunigenden Elemente und etwas langsamer; von weitem mit dem Gesang der Klappergrasmücke zu verwechseln.

<u>Vorkommen:</u> Lichte Kiefern-, Lärchen- und Laubwälder, häufig an trockenen, unterholzreichen Südhängen, im Gebirge bis zur Baumgrenze. Fehlt in der Norddeutschen Tiefebene bislang, jedoch in Ausbreitung nach Norden begriffen. Sommervogel (April–September).

<u>Nahrung:</u> Insekten, Spinnen und deren Larven.

<u>Brut:</u> Mai–Juni, 1 Brut. Ovales Backöfchennest aus Gras, Halmen und Wurzeln, meist in einer Bodenmulde unter einem Grasbüschel versteckt. Neststand häufig auf einer Lichtung in einer Bodenmulde oder an einer Böschung.

### Sommergoldhähnchen
*Regulus ignicapillus*
Familie Goldhähnchen

E Firecrest
F Roitelet triple bandeau

<u>Merkmale:</u> Winzig, neben Wintergoldhähnchen kleinste Vogelart Europas. Durch schwarzen Augenstreif, weißlichen Überaugenstreif und insgesamt lebhaftere Färbung von der Zwillingsart unterschieden. Scheitel orangerot, schwarz gesäumt, Weibchen mit gelblichem Scheitel.

Lebt verborgen in dichtem Nadelwald, jedoch nicht scheu. Nahrungssuche häufig auf der Oberseite von Zweigen, rüttelt auch vor Zweigspitzen. Nicht so gesellig wie Wintergoldhähnchen, schließt sich nicht Meisentrupps an.

<u>Stimme:</u> Ruft sehr hoch und scharf „sisisi"; Gesang eine crescendomäßig anschwellende, kurze Strophe aus sehr hohen, dünnen Tönen mit betontem Endteil wie „sisisisisisirrr", für ältere Menschen oft nicht hörbar.

<u>Vorkommen:</u> Nadelwald, aber nicht so ausschließlich an Koniferen gebunden wie Wintergoldhähnchen; auch in Parks, Friedhöfen, Gärten, Gebüsch; während des Zuges auch in Laubwald und niedrigen Büschen.

Teilzieher (März–Oktober), einzelne Vögel überwintern bei uns. <u>Nahrung:</u> Insekten, Spinnen; größere Beutetiere als Zwillingsart.

<u>Brut:</u> Mai–Juli, 2 Bruten.

Dickwandiges, tiefmuldiges Nest aus Moos und Gespinsten an der Unterseite von Nadelbaumzweigen, meist gut versteckt.

## Wintergoldhähnchen
*Regulus regulus*
Familie Goldhähnchen

E Goldcrest
F Roitelet huppé

<u>Merkmale:</u> Größe und rundliche Gestalt wie Sommergoldhähnchen, aber ohne Augen- und Überaugenstreifen, dunkler Bauch. Scheitel beim Männchen leuchtend gelb mit einigen (oft verborgenen) orangefarbenen Federn in der Mitte, beim Weibchen einheitlich, heller gelb. Turnt bei der Nahrungssuche mehr an den Unterseiten der Zweige. Gesellig, außerhalb der Brutzeit oft mit Tannen- und Haubenmeisen in gemischten Trupps. <u>Stimme:</u> Ruft häufig sehr hoch und fein, aber durchdringend „sri-sri-sri-sri". Gesang aus kurzen, sehr hohen und dünnen Strophen, im Gegensatz zu den Sommergoldhähnchen-Strophen oh-ne Crescendo, sondern auf- und abschwingend und mit deutlich abgesetztem, etwas tieferem Schlußteil, klingt wie „sesim sesim sesim sesim seritete".

<u>Vorkommen:</u> Häufig in dichtem Nadelwald oder in Nadelbäumen, die in Mischwäldern, Parks und Gärten stehen; während des Zuges auch in dichtem Gebüsch und in Laubbäumen.
Teilzieher.

<u>Nahrung:</u> Winzige Insekten, Spinnen sowie deren Entwicklungsstadien.

<u>Brut:</u> April–Juni, 2 Bruten. Dickwandiges Napfnest, ähnlich dem des Sommergoldhähnchens, in der Astgabel eines Nadelbaumzweiges gebaut.

### Trauerschnäpper
*Ficedula hypoleuca*    E Pied Flycatcher
Familie Sänger    F Gobe-mouches noir

<u>Merkmale:</u> Kleiner und zierlicher als Haussperling. Männchen mit tiefschwarzer bis graubrauner Oberseite und kontrastreich abgesetzter weißer Unterseite, deutlicher weißer Flügelfleck und weiße Schwanzkanten; weißer Stirnfleck in allen Kleidern; Weibchen Oberseite graubraun, Unterseite und Flügelfleck schmutzigweiß. Männchen im Ruhekleid wie Weibchen, aber mit weißlichem Stirnfleck.
Zuckt auffällig mit den Flügeln, auch einseitig, schlägt den Schwanz schnell nach oben. Jagt fliegende Insekten von einer Warte aus, kehrt dabei aber selten zum Ausgangspunkt zurück, fliegt auch auf den Boden, um Insekten aufzunehmen, vor allem bei schlechtem Wetter. Singt auf Warten in Nistplatznähe.
<u>Stimme:</u> Ruft häufig scharf „bitt", oft taktmäßig wiederholt. Gesang auf- und absteigende Strophe aus zwei alternierenden Tönen wie „wu-ti-wuti-wuti" und etwas tieferem Schlußteil.
<u>Vorkommen:</u> Laub-, Misch- und Nadelwald, Parks und Gärten mit ausreichendem Nisthöhlenangebot. Gebietsweise selten. – Sommervogel (April–September).
<u>Nahrung:</u> Fliegende Insekten, im Herbst auch Beeren.
<u>Brut:</u> Mai–Juni, 1 Brut. – Großes, unordentliches Nest aus Gräsern, Blättern, Rinde und Moos, in Baumhöhlen, Nistkästen.

## Halsbandschnäpper
*Ficedula albicollis*    E Collared Flycatcher
Familie Sänger    F Gobe-mouches à collier

<u>Merkmale:</u> Männchen vom gleich großen Trauerschnäpper-Männchen durch weißes Halsband, weißen Bürzel und größeren weißen Flügelfleck unterschieden. Gefieder stets kontrastreich schwarz-weiß. Weibchen im Feld kaum sicher von Trauerschnäpper-Weibchen zu unterscheiden, jedoch größerer und deutlicher weißer Flügelfleck, hellerer Bürzel und angedeutetes Halsband. Männchen im Ruhekleid sehr ähnlich wie Weibchen. Jagt vorwiegend im Kronenbereich der Bäume.

<u>Stimme:</u> Ruft hoch, gedehnt und voll „sieb", daneben hart und sehr kurz „tek", auch gereiht. Gesang einfacher, langsamer und höher als Trauerschnäppergesang, zwischen den Strophen oft die typischen „sieb"-Rufe: „sit-sit-sit-sju-si-sju-trü-si-trü-si sieb".

<u>Vorkommen:</u> Laubwälder und Parks mit altem Baumbestand, Friedhöfe, Obstgärten. Bei uns nur gebietsweise brütend, fehlt völlig im nördlichen Deutschland. – Sommervogel (April–September).

<u>Nahrung:</u> Fliegende Insekten.

<u>Brut:</u> Mai–7uli, 1 Brut. Nistet in Baumhöhlen und häufig in künstlichen Nisthöhlen. Wie auch beim Trauerschnäpper wurde beim Halsbandschnäpper Vielweiberei nachgewiesen, d.h. ein Männchen kann mit mehreren Weibchen verpaart sein.

## Grauschnäpper
*Muscicapa striata*    E Spotted Flycatcher
Familie Sänger    F Gobe-mouches gris

<u>Merkmale:</u> Knapp haussperlingsgroßer Fliegenschnäpper mit bräunlich-grauer Oberseite und verwaschen längsgestreifter Brust und Kehle.

Sitzt in typischer aufrechter Haltung auf erhöhter Warte, fängt in elegant schwenkendem Flug ein vorbeifliegendes Insekt und kehrt wieder zu seinem Sitzplatz zurück. Nach dem Landen und bei Erregung häufig Flügel- und Schwanzzucken. Kann auch flatternd in der Luft stehen bleiben. Jagt meist im Baumkronenbereich; wenig gesellig.

<u>Stimme:</u> Bei Beunruhigung kurz „tk", scharf „pst" oder „zek", häufig auch „zi-tk-tk". Gesang wenig eindrucksvoll und selten zu hören: eine Folge von kurzen Einzel- und Doppeltönen wie „zizi-sri-zrü-tsr".

<u>Vorkommen:</u> Lichter Laub- und Mischwald, Feldgehölze, Parks, Gärten, auch in Siedlungsbereichen.

Sommervogel (April–September).

<u>Nahrung:</u> Fliegende Insekten; im Herbst auch Beeren.

<u>Brut:</u> Mai–Juli, 1–2 Bruten. Halbhöhlenbrüter, lockeres Nest aus Moos, Federn und Haaren, in Baumhöhlen, Mauerlöchern, unter Dachvorsprüngen, in Spalieren und Halbhöhlen-Nistkästen, oft an den Stamm angelehnt und von einem toten Seitenast oder Baumschwamm abgestützt.

### Braunkehlchen
*Saxicola rubetra*  E Whinchat
Familie Sänger  F Traquet des prés

<u>Merkmale:</u> Kleiner als Haussperling, gedrungen und kurzschwänzig; trotz der auffälligen Färbung leicht zu übersehen. Männchen mit weißem Überaugenstreif und weißem Fleck am Flügelrand, Weibchen mit gelblichem Überaugenstreif. – Sitzt häufig exponiert auf vorjährigen Stauden oder Disteln, auf Pfosten oder Stacheldrahtzäunen; fliegt niedrig von Warte zu Warte; wippt häufig mit dem Schwanz und zuckt mit den Flügeln. Singt meist auf niedrigen Warten, manchmal auch in kurzem, schwirrendem Singflug.
<u>Stimme:</u> Ruft häufig hartes und sehr kurzes „tek tek" oder „zek zek", oft abwechselnd mit weichem „djü". Gesang: Verschiede-ne kurze und eilige Strophen aus kratzenden, schmatzenden und flötenden Tönen; viele Strophen enthalten Imitationen oder sind verkürzte Imitationen anderer Vogelgesänge.
<u>Vorkommen:</u> Offene, weite Feuchtgebiete, extensiv genutzte Streuwiesen, Brachflächen, Ödland; Angebot an vorjährigen Stauden und anderen Warten wichtig. Zur Zugzeit auch auf Äkkern. Bei uns selten geworden. Sommervogel (April–September).
<u>Nahrung:</u> Insekten, Spinnen.
<u>Brut:</u> Mai–Juni, 1 Brut. – Gut getarntes Nest auf Gras und Moos, innen mit Haaren ausgelegt, unter Grasbüschel oder Büschen.

| Schwarzkehlchen | |
|---|---|
| *Saxicola torquata* | E Stonechat |
| Familie Sänger | F Traquet pâtre |

**Merkmale:** Gestalt etwas rundlicher als Braunkehlchen. Männchen auffallend und sehr kontrastreich, Weibchen Kopf und Oberseite bräunlich gemustert, keine weißen Schwanzkanten wie Braunkehlchen-Weibchen, Überaugenstreif nur angedeutet.

Sitzt häufiger in aufrechter Haltung und hält sich öfter am Boden auf; lauert auf Buschspitzen sitzend auf vorbeifliegende Insekten; wippt ständig mit dem Schwanz und zuckt mit den Flügeln; fliegt niedrig und ruckartig. Singt meistens auf Buschspitzen, manchmal auch in kurzem, tanzend wirkendem Singflug.

**Stimme:** Ruft bei Störung hart und kratzend „trat", meist wiederholt, oder „fid kr". Gesang eine kurze, eilige Strophe mit kratzenden, ratternden und pfeifenden Tönen, häufig mit Imitationen.

**Vorkommen:** An trockeneren Standorten als Braunkehlchen; Ödland, offene, steinige Landschaft mit Ginsterbüschen, an Bahndämmen, auf Hochmooren und extensiv genutzten Wiesen; im Gebirge (Schweiz) bis 1400 m Höhe. Bei uns selten und nur gebietsweise brütend.

Sommervogel (März–Oktober).

**Nahrung:** Vorwiegend Insekten.

**Brut:** April–Juli, 2 Bruten. Lockeres Nest aus Gras und Moos, mit Haaren und Wolle ausgelegt, meist in dichtem Bodenbewuchs unter einem Busch.

## Steinschmätzer
*Oenanthe oenanthe*
Familie Sänger

E Wheatear
F Traquet motteux

<u>Merkmale:</u> Wirkt größer als der gleich große Haussperling. Lange, schwarze Beine, kurzer Schwanz und aufrechte Haltung kennzeichnend; im Flug (siehe Zeichnung) auffällige Bürzel- und Schwanzfärbung sichtbar (breites schwarzes, auf dem Kopf stehendes T). Beim Männchen Rücken taubengrau, Wangen und Flügel schwarz, deutlicher weißer Überaugenstreif; Männchen im Ruhekleid und Weibchen bräunlich ohne konstrastreiche Kopfzeichnung. Jungvögel im Herbst mit hellbraun gesäumten Flügeldecken.
Bodenvogel, sitzt häufig auf Steinen oder Erdschollen; knickst oft und wippt mit dem Schwanz.

<u>Stimme:</u> Ruft hart und hölzern „tk", meist wiederholt, dazwischen oft einzelne „fid" oder „jiw". Gesang selten zu hören, kurze, hastig schwätzende Strophe aus harten, rauhen Tönen und weichen Pfeiflauten.
<u>Vorkommen:</u> Offenes steiniges oder felsiges Gelände; Ödland, Schuttplätze, Kiesgruben, Dünen, Moor- und Heidelandschaften; im Gebirge bis über 2000 m Höhe; bei uns selten. – Sommervogel (April–Oktober).
<u>Nahrung:</u> Insekten, Spinnen, kleine Würmer und Schnecken.
<u>Brut:</u> April–Juni, 1 Brut. Nest aus Gras und Moos, in Steinhaufen, Felsspalten, alten Säugetierbauten und Mauerlöchern.

### Hausrotschwanz
*Phoenicurus ochruros*
Familie Sänger

E Black Redstart
F Rouge-queue noir

Merkmale: Knapp haussperlingsgroß. Schlank und hochbeinig, Bürzel und Schwanz rostrot; Männchen an der auffallend dunklen Färbung und dem hellen Flügelfleck schon von weitem leicht erkennbar; Weibchen dunkel graubraun.
Sitzt häufig in aufrechter Haltung auf Dächern, Antennen, Mauervorsprüngen, Zaunpfählen oder Felsen, knickst und zittert ständig mit dem Schwanz. Singt von hohen Warten, oft schon vor Sonnenaufgang.
Stimme: Ruft bei Störung hart und kurz „hid-tek-tek", in Nestnähe sehr schnelles, tonloses „tektektek". Gesang: kurze, hastige Strophe aus 2 Teilen, beginnt mit „jirr-tititi", der 2. Teil beginnt nach kurzer Pause mit gepreßten, kratzenden Tönen: „zchr-chz-tritütiti".
Vorkommen: Dörfer, Städte, auch mitten in der Großstadt; ursprünglich Felsbewohner; im Gebirge bis über 3000 m Höhe; zur Zugzeit auch auf Äckern und Wiesen.
Teilzieher (März–Oktober), einzelne überwintern bei uns.
Nahrung: Insekten, Spinnen, Beeren.
Brut: April–Juli, 2 Bruten.
Nest aus Gras, Moos und Stengeln, mit Haaren, Federn und Wolle ausgelegt, in Felsspalten, Mauerlöchern, unter Dächern und in Halbhöhlen-Nistkästen.

Gesehen am ........

## Gartenrotschwanz
*Phoenicurus phoenicurus*  E Redstart
Familie Sänger  F Rouge-queue à front blanc

<u>Merkmale:</u> Männchen im Brutkleid kaum zu verwechseln, im Ruhekleid (Herbst) verwaschene Kopf- und Unterseitenfärbung durch helle Federsäume; Weibchen mit weißlicher Kehle und deutlich hellerer Unterseitenfärbung als Hausrotschwanz-Weibchen. – Sitzt häufig auf unteren Zweigen und fliegt von da aus auf dem Boden, um Insekten aufzunehmen, kehrt oft auf denselben Sitzplatz zurück; knickst und zittert häufig mit dem Schwanz. Singt schon vor dem Morgengrauen auf hohen Warten, wie Antennen oder Baumspitzen.

<u>Stimme:</u> Ruft bei Störung kurzes, gezogenes „hüit" oder „hüit-teck-teck". Gesang wohlklingend und wehmütig, beginnt meistens mit einem hohen, gedehnten Ton, auf den einige kurze Elemente folgen: „hüit trä trä trä", daran schließen sich rauhe, gequetschte und reine Töne und häufig Imitationen vieler verschiedener Vogelarten an.

<u>Vorkommen:</u> Lichter Laub-, Misch- und Nadelwald mit altem Baumbestand, Obstgärten, Parks, Gärten, auch in Dörfern und Städten. Sommervogel (April–Oktober).

<u>Nahrung:</u> Insekten, deren Larven, Spinnen.

<u>Brut:</u> Mai–Juli, 2 Bruten. – Lockeres Nest aus Gras, Wurzeln und Moos, in Baumhöhlen, Fels- und Mauernischen, auf Dachbalken und in Nistkästen.

## Rotkehlchen
*Erithacus rubecula*     E Robin
Familie Sänger     F Rouge-gorge familier

**Merkmale:** Knapp haussperlingsgroß. Rundlich und langbeinig, große, dunkle Augen. Geschlechter sehr ähnlich, Jungvögel bräunlich gefleckt und ohne Rot (siehe Zeichnung).

Hält sich zur Nahrungssuche oft am Boden auf, knickst häufig, stelzt den Schwanz und läßt die Flügel hängen. Meist wenig scheuer, ja neugieriger Vogel. Singt schon ab Mitte März aus der Deckung von Büschen und Bäumen, häufig bis in die späte Dämmerung.

**Stimme:** Ruft bei Störung scharf „zick", oft in schneller Folge („Schnickern"), daneben hoch und durchdringend „zieh" (Luftfeindalarm). Gesang: eine herabperlende, klare Tonreihe von feierlichem und melancholischem Klangcharakter; die recht langen Strophen beginnen mit hohen, reinen Flötentönen.

**Vorkommen:** Unterholzreiche Wälder, Parks und Gärten mit Baumbestand, Gebüsch. Teilzieher, viele Rotkehlchen überwintern bei uns.

**Nahrung:** Insekten, Würmer, Schnecken, Beeren, Früchte; besucht im Winter häufig Futterstellen.

**Brut:** April–Juni, 2 Bruten. Napfnest aus alten Blättern, Gras und Moos, am Boden in dichtem Bewuchs, zwischen Baumwurzeln und in bodennahen Höhlungen.

## Blaukehlchen
*Luscinia svecica*  E Bluethroat
Familie Sänger  F Gorge-bleue à miroir

<u>Merkmale:</u> Größe und Gestalt ähnlich Rotkehlchen, etwas hochbeiniger. Fächert häufig den Schwanz und stelzt ihn ruckartig, dabei fällt die rostrote Schwanzwurzel auf. Männchen im Ruhekleid ähnlich Weibchen, mit weißlicher Kehle und dunklem Halsband (siehe Zeichnung). Jungvögel ähnlich jungen Rotkehlchen, aber mehr streifig und mit typischer Schwanzfärbung. Singt von Warten oder im Singflug, bei dem der Vogel erst ein Stück in die Höhe fliegt und dann fallschirmartig abwärtsgleitet.

<u>Stimme:</u> Ruft bei Störung hart „tack" oder pfeifend „hüit". Gesang aus hastig vorgetragenen, langen Strophen von rein klingenden, scharfen und gepreßten Tönen und Imitationen vieler verschiedener Vogelarten; zu Beginn häufig eine sich beschleunigende Reihe von „djip djip djip" oder von grillenartigen Zirplauten.

<u>Vorkommen:</u> Verschilftes Weidengebüsch an Gräben, Teichen, Seen, Flüssen, versumpfter Auwald; im Tiefland. Bei uns selten geworden. Sommervogel (April – September).

<u>Nahrung:</u> Insekten, Würmer, Schnecken, Beeren.

<u>Brut:</u> April–Juni, 1 Brut. Gut verstecktes Nest aus Halmen, Wurzeln und Moos, meist dicht über dem Boden in Büschen und Dickicht.

## Nachtigall
*Luscinia megarhynchos*
Familie Sänger

E Nightingale
F Rossignol philomèle

Merkmale: Etwas größer als Haussperling. Oberseite matt braun, Unterseite etwas heller, ungemustert. Schwanz rötlichbraun. Jungvögel gefleckt, ähnlich jungen Rotkehlchen.
Bewegt sich sehr elegant und stelzt häufig den Schwanz; lebt versteckt, wenig gesellig. Singt (siehe Zeichnung) aus dichtem Gebüsch, oft auch nachts. Sucht die Nahrung am Boden.
Stimme: Ruft ähnlich Fitis „huit", bei Gefahr tief knarrend „karrr". Gesang sehr laut, abwechslungsreich und wohlklingend, mit monoton schmetternden und kristallklaren, flötenden Touren, dazwischen tiefe, harte „tjuck tjuck tjuck" und grillenartig zirpende Teile; typisch ist eine lange, crescendomäßig anschwellende und in der Tonhöhe etwas abfallende Tour „hü hü hü hü" (Schluchzen).
Vorkommen: Laub- und Mischwald mit dichtem Unterholz, Auwald, Parks, Friedhöfe, verwilderte Gärten; gebietsweise, vor allem in Süddeutschland, sehr selten.
Sommervogel (April–September).
Nahrung: Insekten, Spinnen, Würmer, Schnecken, Beeren.
Brut: Mai–Juni, 1 Brut.
Großes, lockeres Nest aus altem Laub, Gras und Haaren, am Boden oder etwas darüber in dichtem Unterwuchs, meistens sehr gut versteckt.

| | Sprosser | |
|---|---|---|
| | *Luscinia luscinia* | E Thrush Nightingale |
| | Familie Sänger | F Rossignol progné |

**Merkmale:** Von der sehr ähnlichen Nachtigall hauptsächlich durch den Gesang unterschieden. Von nahem sieht man manchmal die leicht dunkel gewölbte Brust, die dunklere, mehr olivbraune Oberseite und den nur schwach rötlichen Schwanz.

Bei Erregung drehende Schwanzbewegungen, anders als bei der Nachtigall, sonst im Verhalten sehr ähnlich.

**Stimme:** Ruft ähnlich wie Nachtigall, aber tiefer „karrr" und hoch „hiid". Gesang ähnlich weit hörbar wie der der Nachtigall, aber weniger abwechslungsreich, langsamer und weniger schmetternd, auch fehlen die für die Nachtigall typischen schluchzenden Touren; dafür werden regelmäßig tonlose, schnarrende und rohrsängerartige Motive eingeflochten. Imitationen von Singdrossel- und Waldschnepfengesang sind bekannt.

**Vorkommen:** Oft an feuchteren Standorten als Nachtigall; dichtes Gebüsch an Gewässerufern, Bruchwald mit Erlen-, Birken- und Weidengebüsch. Bei uns nur im äußersten Nordosten.

Sommervogel (Mai–September). **Nahrung:** Insekten, Spinnen, Würmer, Schnecken, Beeren.

**Brut:** Mai–Juni, 1 Brut.

Lockeres Nest aus Laub, altem Gras und Reisern, meist in eine Bodensenke unter dichtem Gebüsch gebaut.

## Amsel
*Turdus merula*     E Blackbird
Familie Sänger     F Merle noir

<u>Merkmale:</u> Gefieder beim Männchen tiefschwarz, leuchtend gelber Schnabel und schmaler gelber Augenring. Weibchen dunkelbraun mit schwach gefleckter Brust und braunem Schnabel. Jungvögel rötlichbraun, stark gefleckt.
Bei der Nahrungssuche meist auf dem Boden hüpfend, hält oft ruckartig an, stelzt den Schwanz und zuckt mit den Flügeln. Singt, oft schon im Februar, auf hohen Warten (z. B. Hausdächer, Antennen, Baumspitzen).
<u>Stimme:</u> Ruft häufig „tix tix" oder „duk duk duk", bei Erregung metallisch „tsink tsink" und schrilles Zetern. Gesang laut und volltönend, von flötendem und orgelndem Klangcharakter; die relativ langsam vorgetragenen, variablen Strophen enden meist mit etwas höheren, gepreßt zwitschernden Lauten.
<u>Vorkommen:</u> Sehr häufiger Kulturfolger in Gärten und Parks, auch mitten in der Großstadt. Teilzieher, viele Amseln überwintern bei uns.
<u>Nahrung:</u> Regenwürmer, Schnecken, Insekten, Beeren, Obst.
<u>Brut:</u> März–Juli, 2–3 Bruten. Stabiles Nest aus Grashalmen und Wurzeln, mit feuchter Erde verklebt und innen mit Halmen ausgepolstert; meist niedrig in Bäumen, Büschen und Hecken, aber auch auf Fenstersimsen, Balkonen und Mauerlöchern.

## Ringdrossel
*Turdus torquatus*    E Ring Ouzel
Familie Sänger    F Merle à plastron

**Merkmale:** In Größe und Gestalt ähnlich Amsel. Männchen mit weißem, halbmondförmigem Brustband, wirkt vor allem im Ruhekleid durch helle Federsäume schuppig, kein gelber Augenring. Weibchen bräunlich mit nur angedeutetem Brustband. Jungvögel ohne Brustband und Gefieder mit deutlicher Schuppenzeichnung.
Fliegt schnell und gewandt; scheu. Scheuer Vogel, der oft auf Baumspitzen singt.
**Stimme:** Ruft bei Erregung hölzern und hart „tok tok tok", im Flug vibrierend „tsriet". Gesang aus kurzen, flötenden Strophen, deren Motive wie bei der Singdrossel mehrfach wiederholt werden. Klangcharakter an Amsel und Misteldrossel erinnernd, aber weniger wohlklingend, rauher: „derü derü", trü-trü" oder „tjüli tjüli".
**Vorkommen:** Gebirge und höhere Mittelgebirge im lockeren Fichtenwald und in der Latschenregion von 1000–2000 m Höhe; zur Zugzeit auch in Tälern und im Tiefland.
Teilzieher (März–Oktober).
**Nahrung:** Würmer (vor allem Regenwürmer), Schnecken, Insekten, Beeren.
**Brut:** April–Juli, 1–2 Bruten. Großes Nest aus Gras, Moos und Heidekraut, meist niedrig in einer Fichte oder Latsche, manchmal auch auf dem Boden.

## Wacholderdrossel
*Turdus pilaris*  E Fieldfare
Familie Sänger  F Grive litorne

<u>Merkmale:</u> Etwas größer als Amsel, viel auffälliger gefärbt. Beim Abflug schwarzer Schwanz und der dazu kontrastierende hellgraue Bürzel, von unten die weißen Unterflügeldecken auffallend (siehe Zeichnung). – Nahrungssuche am Boden, sitzt meist in aufrechter Haltung; sehr gesellig. Flug wellenförmig, wirkt etwas schwerfällig.

<u>Stimme:</u> Ruft im Flug laut und rauh „schak schak schak" (Schakkern) oder „trarrat", bei Feindalarm schnarrend „trrtrrtrrt", auf dem Zug oft zart „sri". Gesang nicht sehr laut, schwätzend und gepreßt zwitschernd, mit harten und schrillen Lauten durchsetzt; singt oft im Flug.

<u>Vorkommen:</u> Feldgehölze, Waldränder, Auwald, lockerer Birkenwald, Parkanlagen und Gärten mit Bäumen. Teilzieher; viele Trupps nordischer Wacholderdrosseln überwintern bei uns.

<u>Nahrung:</u> Würmer, Schnecken, Insekten, Beeren, Obst.

<u>Brut:</u> April–Juni, 1–2 Bruten. Koloniebrüter. Großes Nest aus Reisig, Gras, Moos und Wurzeln, innen mit feuchter Erde ausgestrichen und mit trockenem Gras ausgelegt; Neststandort auf Bäumen in Astgabeln oder nahe am Stamm, oft ziemlich ungeschützt. Die Vögel sind in ihren Kolonien sehr aggressiv und greifen jeden Nestfeind gemeinsam an.

| Rotdrossel | |
|---|---|
| *Turdus iliacus* | E Redwing |
| Familie Sänger | F Grive mauvis |

Merkmale: Kleiner als Amsel. Im Flug rotbraune Unterflügeldecken kennzeichnend (siehe Zeichnung); aus der Nähe durch weißlichen Überaugenstreif, rotbraune Flanken und längsgestreifte (nicht gefleckte) Brust von der etwas größeren Singdrossel zu unterscheiden. Sehr gesellig.

Stimme: Ruft bei Störung gedämpft „djüg", Flugruf gedehnt und hoch, aber etwas rauh „zjieh". Gesang: Schnell vorgetragene, in der Tonhöhe abfallende Reihen von Flötentönen „trü trü trü trü trü", darauf ein Nachgesang aus gepreßt zwitschernden und schnarrenden Tönen, auf dem Zug rastende Rotdrosseln bringen vorwiegend diesen wacholderdrosselähnlichen Nachgesang hervor.

Vorkommen: Lichte nordische Wälder bis zum Tundrarand; Parkanlagen und Gärten nordischer Städte. Bei uns Durchzügler und spärlicher Wintergast in aufgelockerten Wäldern, Parks und in offener Landschaft; besonders auf beerentragenden Büschen (Oktober–April).

Nahrung: Würmer, Schnecken, Insekten, Beeren (besonders Weintrauben).

Brut: Mai–Juli, 1–2 Bruten. Nest aus Gras, Zweigen, Flechten und Erde, niedrig in Bäumen und Büschen oder auf dem Tundraboden gebaut.

| Singdrossel | |
|---|---|
| *Turdus philomelos* | E Song Thrush |
| Familie Sänger | F Grive musicienne |

<u>Merkmale:</u> Kleiner als Amsel. Oberseite braun, Brust, Flanken und Unterflügeldecken gelblich rahmfarben; Unterseite mit kleinen dunklen Flecken übersät.

Zur Nahrungssuche oft auf Wiesen in Waldrandnähe; rennt ein kurzes Stück und bleibt dann abrupt stehen. Schlägt auf bestimmten Steinen ("Drosselschmiede") Gehäuseschnecken auf. Singt im Frühjahr häufig auf Baumspitzen.

<u>Stimme:</u> Flugruf ein hohes, scharfes "zipp", besonders beim Aufschrecken zu hören; zetert erregt amselartig, aber weniger durchdringend "dickdickdick". Gesang laut und abwechslungsreich, aus 2- bis 3mal wiederholten, klangvollen flötenden und zwitschernden Motiven, z.B. "judiet-judiet-judiet". Oft Imitationen von Watvögeln.

<u>Vorkommen:</u> Alle Arten von hochstämmigen, lichten Wäldern; im Norden dichter, feuchter Nadelwald; Feldgehölze, Parks, Gärten.

Sommervogel (März–November).

<u>Nahrung:</u> Gehäuseschnecken, Würmer, Insekten, im Herbst auch Beeren und Obst.

<u>Brut:</u> April–Juli, 2 Bruten. Stabiles, wohlgeformtes Nest aus Gras und Laub, die tiefe Mulde mit Holzmulm und Lehm ausgekleidet; oft in Jungfichten in halber Höhe und nahe am Stamm, gut versteckt.

### Misteldrossel
*Turdus viscivorus*  E Mistle Thrush
Familie Sänger  F Grive draine

<u>Merkmale:</u> Deutlich größer, langflügeliger und langschwänziger als Singdrossel. Oberseite mehr graubraun, Unterseite grober gefleckt; Schwanzaußenfedern mit weißlichen Spitzen.

Bei der Nahrungssuche auf dem Boden meist in aufrechter Körperhaltung und mit etwas hängenden Flügeln; wirkt recht groß. Flug leicht wellenförmig, erinnert an Taubenflug, rundlicher Bauch und weißliche Unterflügeldecken auffallend. Wenig gesellig.

<u>Stimme:</u> Ruft laut und hart schnarrend „tzrrr", besonders typisch beim Abflug. Gesang an den der Amsel erinnernd, aber von melancholischem Klangcharakter und wenig abwechslungsreich, in kurzen, flötenden Strophen in fast gleichbleibender Tonhöhe vorgetragen; singt schon im Februar, meist auf Baumspitzen.

<u>Vorkommen:</u> Laub- und Nadelhochwald, Feldgehölze, gebietsweise auch in Parkanlagen (z. B. in Westfalen). Im Gebirge bis zur Baumgrenze.

Teilzieher (Februar–November).

<u>Nahrung:</u> Würmer, Schnecken, Insekten; im Winterhalbjahr auch Beeren, Früchte und Obst.

<u>Brut:</u> März–Juni, meist 1 Brut. Nest aus Gras, Wurzeln und Zweigen, mit Erde verfestigt und mit Gräsern ausgepolstert; meist in 2–10 m Höhe in eine Astgabel gebaut, nur gelegentlich in Hecken oder Felsnischen.

## Schwanzmeise
### Aegithalos caudatus
Familie Schwanzmeisen

E Long-tailed Tit
F Mésange à longe queue

Merkmale: Fast so lang wie Haussperling. Von den 14 cm Gesamtlänge entfallen 8 cm auf den langen, stufigen Schwanz. Mitteleuropäische Rasse (siehe Foto) mit breitem, schwärzlichem Überaugenstreif, nördliche und östliche Rasse mit reinweißem Kopf (siehe Zeichnung). Sehr gesellig, außerhalb der Brutzeit in kleinen, eng zusammenhaltenden Trupps, die ständig miteinander in Rufkontakt bleiben; turnt geschickt und rastlos im Gezweig herum; Flug wirkt hüpfend.

Stimme: Ruft häufig „tsri", „sisi-si" oder „sitrr", bei Erregung oft „tserrr" oder „tschrrt", im Flug leise und ständig „pt". Gesang selten zu hören, ein leises Potpourri aus zirpenden, zwitschernden und trillernden Lauten.

Vorkommen: Laub- und Mischwald mit dichtem Unterwuchs, besonders an Gewässern; Feld- und Moorgehölze, Parks und Gärten mit alten Bäumen. Teilzieher, viele Schwanzmeisen beider Rassen überwintern bei uns.

Nahrung: Kleine Insekten, deren Larven, Spinnen.

Brut: April–Juni, 1–2 Bruten. Sehr kunstvolles, eiförmiges Nest mit seitlichem Einschlupfloch, aus Moos, Flechten, Pflanzenwolle, Insektengespinsten, vielen Federn und Haaren; meist gut versteckt in Bäumen oder hoch im Gebüsch.

## Beutelmeise
*Remiz pendulinus*  E Penduline Tit
Familie Beutelmeisen  F Rémiz penduline

Merkmale: Nur knapp blaumeisengroß, turnt meisenartig geschickt im Gezweig. Einziger Kleinvogel mit kastanienbraunem Rücken, auffallende schwarze Gesichtsmaske. Weibchen blasser gefärbt, Jungvögel insgesamt bräunlich, ohne Gesichtsmaske.

Sucht im Sommer hoch oben in Laubbäumen Nahrung; im Frühjahr und Herbst oft in kleinen Trupps im Weidengebüsch und im Schilf.

Stimme: Ruft hoch und gezogen „ziih" oder "siiüü", ähnlich dem Ruf der Rohrammer, aber dünner und reiner. Gesang: leise und abwechslungsreiche Strophen, die häufig den „siiüü"-Ruf und kürzere Folgen von „tlü"-Lauten enthalten.

Vorkommen: Auwald, Uferdikkicht mit Weiden- und Pappelbeständen an Teichen, Flüssen und Seen. Selten, bei uns nur im östlichen Teil brütend, jedoch langsam nach Westen und Norden vordringend.

Teilzieher, einige Beutelmeisen überwintern bei uns.

Nahrung: Kleine Insekten, Spinnen, im Winter auch Samen.

Brut: April–Juni, 1 Brut.

Filziges, an Zweigen frei hängendes Beutelnest mit einer Einflugröhre, aus Wolle von Weiden-und Pappelsamen, mit Pflanzenfasern verstärkt. Häufig hängt es über dem Wasser.

## Tannenmeise
*Parus ater*    E Coal Tit
Familie Meisen    F Mésange noir

<u>Merkmale:</u> Kleinste einheimische Meise, knapp blaumeisengroß. Länglicher weißer Nackenfleck und weißliche Kopfseiten auffallend; bei Jungvögeln Wangen und Nackenfleck gelblich.

Turnt zur Nahrungssuche oft hoch in Nadelbäumen herum, bewegt sich rastlos, flink und geschickt. Außerhalb der Brutzeit häufig mit anderen Meisenarten und mit Goldhähnchen in gemischten Trupps; besucht häufig Futterhäuschen.

<u>Stimme:</u> Kontaktrufe hoch und dünn „si" oder „zizizi", bei Erregung hoch und etwas nasal „tüi" oder „sitjü", Flugfeindalarm hoch und sehr schnell „sisisi". Gesang: zarte Strophen von mehrmals wiederholten 2- bis 4silbigen Motiven wie „zewizewizewi" oder „sitüsitüsitü". Der Gesang ist das ganze Jahr über zu hören, auch die Weibchen singen.

<u>Vorkommen:</u> Fichten- und Tannenwald, seltener Kiefernwald, vom Tiefland bis zur Baumgrenze; Parkanlagen und Gärten mit Nadelbäumen. Jahresvogel.

<u>Nahrung:</u> Insekten, deren Larven, Spinnen, Nadelbaumsamen, Nüsse.

<u>Brut:</u> April–Juni, 2 Bruten. Höhlenbrüter, verfilztes Nest aus Moos und Spinnweben, mit Pflanzenwolle und Haaren gepolstert; nistet in Baumhöhlen, Baumstubben, Erd- und Mauerlöchern, Nistkästen.

### Kohlmeise
*Parus major*   E Great Tit
Familie Meisen   F Mésange charbonnière

Merkmale: Größte einheimische Meise, knapp haussperlingsgroß. Auffällig schwarz-weißer Kopf, gelbe Unterseite mit breitem (Männchen) oder schmalem (Weibchen) Längsstreif in der Mitte. Jungvögel mit gelblichen Wangen. – Wenig scheu, gebietsweise sogar futterzahm; häufiger als andere Meisen zur Nahrungssuche auf dem Boden; außerhalb der Brutzeit oft in gemischten Kleinvogeltrupps; besucht häufig Futterstellen. Singt oft schon ab Ende Januar.

Stimme: Sehr vielseitiges Repertoire; ruft häufig buchfinkenartig „pink" oder „zipink", Warnruf schnarrend „tscher-r-r-r ", daneben „zituit" und gedehnt „siii";

ahmt häufig Rufe anderer Arten, wie Blaumeise, Tannenmeise oder Sumpfmeise, nach. Gesang: einfache Strophen von mehrfach wiederholten Motiven wie „zi-zi-be-zi-zi-be", „zipe-zipe".

Vorkommen: Häufig in Wäldern aller Art; Gärten und Parks, auch mitten in der Großstadt. Jahresvogel.

Nahrung: Insekten, deren Larven, Spinnen, Samen, Nüsse.

Brut: April–Juli, 1–2 Bruten. Höhlenbrüter, Nest aus Moos, Wurzeln, Halmen und Wolle, innen mit Haaren und Pflanzenwolle ausgepolstert; in Baumhöhlen, Mauerlöchern und Nistkästen, gelegentlich auch in Briefkästen oder sogar in Eisenröhren.

---

## Blaumeise
*Parus caeruleus*
Familie Meisen

E Blue Tit
F Mésange bleue

---

**Merkmale:** Kleiner als Kohlmeise. Einziger einheimischer Kleinvogel mit blau-gelbem Gefieder. Weibchen etwas matter gefärbt, Jungvögel viel blasser, mit grünlichbrauner Oberseite und gelben Wangen.

Sehr lebhaft, turnt geschickt an dünnen Zweigen, auch mit dem Bauch nach oben; wenig scheu; außerhalb der Brutzeit oft in gemischten Meisentrupps. Singt bereits ab Februar, fliegt während der Balz oft kurze Strecken in schmetterlingsartigem Segelflug mit vibrierenden Flügeln.

**Stimme:** Ruft bei Störung häufig ein nasal ansteigendes „tserrretetet", daneben „tsi-tsi-tsi", „tüi" oder etwas rauh „dschäd". Gesang aus Strophen von sehr hellen und reinen Tönen, auf die tiefere, trillernde Reihen folgen: „zii-ziitütütü…" oder „zi-zi-zirrrr".

**Vorkommen:** Häufig in Laub- und Mischwäldern, besonders mit Eichenbestand, in Feldgehölzen, Parks und Gärten. Im Winter zur Nahrungssuche häufig im Schilf. – Jahresvogel.

**Nahrung:** Insekten, deren Larven, Spinnen, feine Samen, Talg, Nüsse.

**Brut:** April–Juni, 1–2 Bruten. Filziges Nest aus weichen Pflanzenteilen, Wolle, Haaren und Federn; in Baumhöhlen, Nistkästen, Mauerlöchern, gelegentlich auch in Briefkästen oder an ähnlichen Standorten.

## Haubenmeise
*Parus cristatus*  E Crested Tit
Familie Meisen  F Mésange huppée

**Merkmale:** Größe wie Blaumeise. Durch spitze, geschuppte Federhaube unverkennbar. Schwieriger zu beobachten als andere Meisen, da meist hoch auf Nadelbäumen turnend; weniger gesellig, auch außerhalb der Brutzeit meist paarweise; erscheint nicht so häufig an Futterhäuschen.

**Stimme:** Sehr typisch, ruft häufig schnurrend, rollend „ürrr-r" oder „zi-zi-gürrrr-r". Gesang: eine Folge der arttypischen Rufe, selten auch ein variables Schwätzen.

**Vorkommen:** Kiefern-, Fichten- und Tannenwald bis zur Baumgrenze, kleine Nadelwaldinseln im Laubwald; sehr standorttreu. Jahresvogel.

**Nahrung:** Insekten, deren Larven, Spinnen, Nadelbaumsamen, Talg, Nüsse.

**Brut:** April–Juni, 1–2 Bruten. Nest aus Moos und Flechten, innen mit Wolle und Haaren ausgekleidet; nistet in engen Baumhöhlen, in Baumstümpfen, gelegentlich auch in alten Eichhornkobeln und sogar bewohnten Greifvogelhorsten.

Haubenmeisen zimmern sich ihre Bruthöhlen meistens selber und beziehen Nistkästen nur dann, wenn sich keine geeigneten Naturhöhlen finden, die sie entsprechend zurechthacken und -formen können. Künstliche Nisthöhlen nehmen sie eher an, wenn diese mit Holzmulm gefüllt sind.

| | | |
|---|---|---|
| **Weidenmeise** | | |
| *Parus montanus* | E Willow Tit | |
| Familie Meisen | F Mésange boréale | |

<u>Merkmale:</u> Sehr ähnlich der etwa gleich großen Sumpfmeise, aber Kopfplatte mattschwarz, reicht etwas weiter in den Nacken und bewirkt ein dickköpfiges Aussehen, Kehllatz zur Brust hin etwas ausgedehnter, Flanken etwas dunkler. Nur bei der Weidenmeise helles Flügelfeld, das im Sommer langsam verblaßt.
Besucht nur selten Futterhäuschen.

<u>Stimme:</u> Typischer Ruf ist ein gedehntes, nasales „däh-däh-däh", oft auch „zi-zi-däh-däh-däh". Gesang eine Reihe von reintonigen, etwas absinkenden „zjü-zjü-zjü …"; die Alpenrasse der Weidenmeise singt auf gleicher Tonhöhe bleibende „zie-zie-zie…", außer diesem Reviergesang ist bei beiden Rassen manchmal ein grasmückenartiges Geschwätz zu hören.

<u>Vorkommen:</u> Wälder auf sumpfigem Boden mit Erlen-, Weiden- und Birkenbestand; seltener in Gärten und Parks als die Sumpfmeise; die Alpenrasse bewohnt Nadel- und Mischwald bis zur Latschenregion. – Jahresvogel.

<u>Nahrung:</u> Insekten, deren Larven, Spinnen, kleine Samen.

<u>Brut:</u> April – Mai, 1–2 Bruten. Dürftiges Nest aus Holzteilchen, Moos und Tierhaaren; zimmert eine Höhle in morsches Holz von Laubbäumen in den Stamm oder einen Ast; gelegentlich auch in Nistkästen und Spechthöhlen.

| | |
|---|---|
| **Sumpfmeise** | |
| *Parus palustris* | E Marsh Tit |
| Familie Meisen | F Mésange nonnette |

**Merkmale:** Etwa blaumeisengroße „Graumeise". Auffallende glänzend-schwarze Kopfplatte, helle Wangen, kleiner schwarzer Kehllatz. Jungvögel mit mattschwarzer Kopfplatte, nicht von Weidenmeisen zu unterscheiden. Besucht im Gegensatz zur Weidenmeise häufig Futterhäuschen.

**Stimme:** Ruft häufig „zidjä", „pistjü" oder „pistja dädädä…", die „dä"-Laute viel weniger gedehnt als bei der Weidenmeise. Gesang aus klappernden Strophen wie „tjitjitjitji…", „zjezjezje…" oder aus rhythmischen „ziwüd ziwüd ziwüd"; ein Männchen wechselt zwischen mehreren Strophentypen ab.

**Vorkommen:** Laub- und Mischwald, Feldgehölze, Parks, Streuobstflächen, Gärten; meist an trockeneren Stellen als Weidenmeise. – Jahresvogel.

**Nahrung:** Insekten, deren Larven, Spinnen; kleine Samen, Talg, Nüsse. Sumpfmeisen sammeln im Herbst oft Distelsamen und verstecken sie als Vorrat in Rindenspalten, an Zweigen oder am Boden. Am Futterhaus nehmen sie mit Vorliebe Hanfsamen, von denen sie oft mehrere im Schnabel aufgereiht transportieren und dann einzeln verstecken.

**Brut:** April–Mai, 1 Brut.
Nest aus Moos, Haaren und Federn in Baumhöhlen, ausgefaulten Astlöchern, zwischen Baumwurzeln, seltener in Nistkästen.

## Kleiber
*Sitta europaea*   E Nuthatch
Familie Kleiber   F Sittelle torchepot

<u>Merkmale:</u> Knapp haussperlings-
groß, gedrungen und kurz-
schwänzig. Starker, spechtartiger
Schnabel. Weibchen an Flanken
und Unterschwanzdecken blasser
gefärbt.
Klettert unermüdlich an Stäm-
men und Ästen, auch an der Unterseite und sogar abwärts mit
dem Kopf nach unten. Besucht
häufig Futterhäuschen in Wald-
und Parknähe. Wenig gesellig,
auch außerhalb der Brutzeit meist
paarweise.
<u>Stimme:</u> Ruft häufig „tuit tuittuit"
oder (bei Störung) scharf „titi-
tirr"; mehrere Rufformen. Gesang weit hörbar, pfeifend und
trillernd „wiwiwiwi...", „tuitui-
tui" oder „trirrr...". Die verschiedenen Strophen lassen sich meist
leicht nachpfeifen.
<u>Vorkommen:</u> Laub- und Misch-
wald, Parks und Gärten mit älte-
ren Bäumen; in den Alpen bis
rund 1700 m Höhe.
Jahresvogel.
<u>Nahrung:</u> Insekten, deren Lar-
ven, Spinnen, grobe Samen, Talg,
Nüsse.
<u>Brut:</u> April–Juni, 1 Brut.
Höhlenbrüter, als Nistmaterial
werden große Mengen feiner Rindenstückchen (vor allem Kiefern-
spiegelrinde) und trockener Blät-
ter eingetragen. Nistet in Spechthöhlen und Nistkästen; zu große
Höhleneingänge werden bis auf
ein kleines Schlupfloch mit feuchtem Lehm zugemauert.

## Zaunkönig
*Troglodytes troglodytes*  E Wren
Familie Zaunkönige  F Troglodyte mignon

<u>Merkmale:</u> Winziger, rundlicher Vogel mit kurzem, fast ständig steil aufgerichtetem Schwanz. Sehr lebhaft, huscht wie eine Maus in bodennahem Gestrüpp; fliegt schwirrend und geradlinig knapp über der Erde. Singt fast das ganze Jahr über auf exponierten Warten wie Baumstümpfen, liegenden Ästen und halbhoch auf Bäumen.

<u>Stimme:</u> Ruft bei Störung oft laut und hart „tek tek tek...", „tette-tet" oder schnurrend „zerr...". Gesang: lange Strophen aus laut schmetternden und trillernden Teilen, die mit einem höheren, scharfen Ton enden.

<u>Vorkommen:</u> Unterholzreicher Wald, Gebüsch und Gestrüpp, Parks und verwilderte Gärten, häufig in Gewässernähe; in den Alpen bis 2000 m Höhe. Jahresvogel.

<u>Nahrung:</u> Insekten, deren Larven, Spinnen, Würmer.

<u>Brut:</u> April–Juni, 2 Bruten. Kugeliges Moosnest mit seitlichem Eingang, das auch Wurzeln, Blätter, Farn und Reiser enthält und innen mit Haaren und Federn ausgepolstert wird. Das Männchen baut im Frühjahr mehrere halbfertige Nester, von denen das Weibchen eines auswählt und auspolstert; Neststandort meist niedrig im Gestrüpp, in Jungbäumen, Wurzeltellern, überhängender Uferböschung oder an efeuberankten Mauern.

## Gartenbaumläufer
*Certhia brachydactyla*  E Short-toed Tree Creeper
Familie Baumläufer  F Grimpereau des jardins

<u>Merkmale:</u> Größe wie Blaumeise, schlank. Langer, zarter, abwärts gebogener Schnabel, langer Stützschwanz. Gefieder oberseits rindenfarbig, unterseits weißlich mit zart bräunlichen Flanken.

Klettert bei der Nahrungssuche in kleinen Sprüngen an Baumstämmen hoch, oben angekommen fliegt er zum Fuß eines anderen Baumes. Nicht sehr gesellig, im Winter jedoch Schlafgemeinschaften, um besser gegen die Kälte geschützt zu sein.

<u>Stimme:</u> Ruft oft laut und hoch „tüt" oder „tüt tüt tüt", daneben hoch „srie", gedehnter als beim Waldbaumläufer. Gesang: kurze, laute Strophe aus ansteigenden, hohen und feinen Pfeiftönen wie „tütütütiroiti", die zweite Silbe ist betont.

<u>Vorkommen:</u> Lichter Laub- und Mischwald, besonders mit Eichen, Ulmen und Eschen, Parks und Gärten mit alten Laubbäumen, Streuobstflächen; in den Alpen oberhalb 800 m Höhe selten, ab 1300 m fehlend. Jahresvogel.

<u>Nahrung:</u> Kleine Insekten, deren Larven, Spinnen, kleine Samen, Talg.

<u>Brut:</u> April–Juli, 1–2 Bruten. Nest aus Reisern, Halmen und Moos, hinter abstehender Rinde, in Baum- und Mauerspalten oder in Nistkästen mit seitlichem, schlitzförmigem Einschlupf (Baumläuferkästen).

### Waldbaumläufer
*Certhia familiaris*      E Tree Creeper
Familie Baumläufer    F Grimpereau des bois

**Merkmale:** Vom Gartenbaumläufer zumeist nur anhand der Stimme zu unterscheiden. Schnabel meist etwas kürzer, weißer Überaugenstreif ist deutlicher ausgeprägt, Oberkopf stärker hell gestreift, Unterseite reinweiß, Bürzel rostfarben.
Streift außerhalb der Brutzeit oft mit Meisentrupps umher.

**Stimme:** Ruft hoch und scharf „srii", oft gereiht, bei Gefahr „srii-tsi-tsitsi", im Flug „tititi". Gesangsstrophen länger und leiser als beim Gartenbaumläufer, eine abfallende Reihe aus zwei Trillern, von denen der erste sehr hoch beginnt und langsam abfällt, der zweite fast ebenso hoch beginnt, jedoch schneller abfällt. Die Strophen, die etwas an Blaumeisengesang erinnern, werden während des Kletterns an der Baumrinde hervorgebracht.

**Vorkommen:** Geschlossener Nadelwald, seltener in Parks und Gärten mit Nadelbaumbestand; im Mischwald auch zusammen mit dem Gartenbaumläufer; in den Alpen bis zur Baumgrenze. Jahresvogel.

**Nahrung:** Insekten, deren Larven und Spinnen in der Baumrinde, feine Samen.

**Brut:** April–Juli, 1–2 Bruten.
Nest aus Reisern, Moos und Gras, innen mit Federn und Rindenstückchen, hinter abstehender Rinde, in Baumspalten oder in speziellen Baumläuferkästen.

## Wasseramsel
*Cinclus cinclus*    E Dipper
Familie Wasseramseln    F Cincle plongeur

<u>Merkmale:</u> Einziger Singvogel, der schwimmen und tauchen kann. Kleiner als Amsel, rundliche, zaunkönigsartige Gestalt, starke Beine und Füße. Gefieder überwiegend dunkelbraun, Kehle und Brust weiß.
Sitzt häufig auf einem Stein im fließenden Wasser und knickst; dreht bei der Nahrungssuche am Gewässergrund Steine um. Fliegt geradlinig niedrig über dem Wasser. Singt fast das ganze Jahr über; ungesellig.
<u>Stimme:</u> Ruft im Flug häufig scharf und kratzend „zrit" oder „zit", daneben rauh „zerrb". Gesang schwätzend mit trillernden, rauh zwitschernden und kratzenden Tönen, oft Imitationen anderer Vogelstimmen; durch das ständige Wasserrauschen überhört man den Gesang leicht.
<u>Vorkommen:</u> Schnellfließende, klare Bäche und Flüsse des Tieflandes bis in 2000 m Höhe; gebietsweise sogar in Städten brütend; im Winter auch an langsamfließenden Flüssen und Seeufern. Jahresvogel.
<u>Nahrung:</u> Wasserinsekten, deren Larven, Würmer, kleine Krebstiere und Fischchen.
<u>Brut:</u> März–Juli, 2 Bruten.
Großes, überdachtes Moosnest mit seitlichem Eingang, stets in direkter Wassernähe in der überhängenden Uferböschung, in Felsspalten, unter Brücken, oder in speziellen Nistkästen.

## Grauammer
*Emberiza calandra*  E Corn Bunting
Familie Ammern  F Bruant proyer

**Merkmale:** Deutlich größer als Haussperling, wirkt plump und gedrungen. Gefieder unscheinbar lerchenartig ohne auffällige Abzeichen, Schwanz ohne Weiß; Jungvögel stärker gestrichelt. – Fliegt oft mit flachen Flügelschlägen und herabhängenden Beinen; singt mit weit aufgesperrtem Schnabel, oft exponiert auf Leitungsdrähten oder Buschspitzen, häufig an Landstraßen. Außerhalb der Brutzeit mit anderen Ammern und mit Lerchen in gemischten Trupps umherstreifend.
**Stimme:** Ruft kurz vor dem Abflug und im Flug ein kurzes „tick", häufig 2- bis 3mal wiederholt. Gesang: eine Folge von kurzen, tikkenden Lauten, die sich beschleunigen und in einen klirrenden und knirschenden Schlußteil übergehen wie „tik tiktiktiktik… schnirrps".
**Vorkommen:** Offene, trockene Landschaft mit Getreidefeldern, Wiesen und einzelnen Büschen und Bäumen, Ödland; bei uns gebietsweise fehlend.
Teilzieher (März–Oktober); überwintert regelmäßig bei uns.
**Nahrung:** Insekten, kleine Schnecken, Samen, grüne Pflanzenteile.
**Brut:** Mai–Juli, 1–2 Bruten. Lockeres Nest aus Gras und Wurzeln, in einer Bodenmulde oder im bodennahen Gestrüpp, seltener in Hecken oder in dichtem Gebüsch in bis zu 2 m Höhe.

### Goldammer
*Emberiza citrinella*
Familie Ammern

E Yellowhammer
F Bruant jaune

**Merkmale:** Etwas größer als Haussperling, wirkt schlank und langschwänzig. Auffallende Gelbfärbung des Kopfes und der Unterseite, Bürzel zimtbraun; weiße Schwanzkanten beim Auffliegen sichtbar. Weibchen und Jungvögel mit weniger Gelb, auch an Kopf und Kehle dunkel gestreift. Zuckt häufig mit dem Schwanz; singt auf Warten wie Buschspitzen und Telegraphendrähten, auch noch im Hochsommer; streift außerhalb der Brutzeit in kleinen Trupps umher.

**Stimme:** Ruft häufig „zrik" oder „trs", beim Abflug trillernd „tirr". Gesang: eine kurze, melancholische und oft gekürzt vorgetragene Strophe „zizizizizizi-zii-düh", im Volksmund häufig mit „wie wie wie hab' ich Dich lieb" oder ähnlich wiedergegeben.

**Vorkommen:** Häufig in abwechslungsreicher Kulturlandschaft mit Hecken, Feldgehölzen und gebüschreichen Waldrändern; auch in Fichtenschonungen; im Gebirge bis rund 1200 m Höhe; im Winter auch in Dörfern. Teilzieher, viele Goldammern überwintern bei uns.

**Nahrung:** Insekten, deren Larven, Spinnen, Samen, Getreide, grüne Pflanzenteile.

**Brut:** April–Juli, 2 Bruten. Nest aus Gräsern, Stengeln und Moos, im bodennahen Gestrüpp und in kleinen Bäumen, häufig an Weg- und Straßenböschungen.

### Rohrammer
*Emberiza schoeniclus*
Familie Ammern

E Reed Bunting
F Bruant des roseaux

<u>Merkmale:</u> Größe wie Haussperling. Männchen im Frühjahr und Sommer unverkennbar: Kopf, Kinn und Kehle schwarz, weißer Bartstreif, weißes Nackenband; im Winter Kopf- und Nackenzeichnung verwaschen bräunlich. Weibchen und Jungvögel tarnfarben mit auffälligem schwarzweißem Bartstreif.

Flug wellenförmig, meist nur kurze Strecken; zuckt häufig mit dem Schwanz. Singt oft exponiert auf einem Schilfhalm (siehe Foto). <u>Stimme:</u> Ruft scharf und etwas absteigend „zieh" oder „ziüh", tiefer als der Luftalarmruf von Amsel und Rotkehlchen; daneben oft ein mechanisches „tsche" oder „pse". Gesang: eine kurze, stammelnde, häufig auch verkürzt vorgetragene Strophe wie „zje zje toi ziri", „zip zip tete zink tet" oder „dip dip dip tiö tete". Jedes Männchen bringt nur einen Strophentyp. Häufig singen Reviernachbarn unterschiedliche Strophen. <u>Vorkommen:</u> Häufig in Verlandungszonen an Seen und Flüssen mit Schilf- und Seggenbeständen und Weidengebüsch.

Teilzieher, viele Rohrammern überwintern regelmäßig bei uns. <u>Nahrung:</u> Insekten, kleine Krebstiere, Schnecken, Grassamen. <u>Brut:</u> Mai–Juli, 2 Bruten. Großes Nest aus Schilfblättern und Halmen, niedrig in Büschen oder in dichtem Bodenbewuchs auf umgeknicktem Schilf.

## Schneeammer
*Plectrophenax nivalis*
Familie Ammern

E Snow Bunting
F Bruant des neiges

**Merkmale:** Etwas größer als Haussperling. Männchen im Brutkleid mit weißem Kopf und weißer Unterseite, Flügel schwarz mit großem weißem Feld; Weibchen weniger kontrastreich gefärbt. Im Ruhekleid Rücken bräunlich und schwarz gemustert, Ohrbereich, Oberkopf und ein angedeuteter Halsring orangebraun (Männchen siehe Foto). Weibchen mit mehr Braun an Kopf, Brust und Flanken. In allen Kleidern auffällige Weißzeichnungen der Flügel (Ausnahme Jungvögel und einige Weibchen).
Streift in kleinen Trupps umher; unstetes Verhalten, wenig scheu.
**Stimme:** Ruft im Flug trillernd „tirr" oder „diüh", von landenden Trupps hört man oft ein scharfes „tsrr". Gesang: hell trillernde, lerchenartige Strophe mit schnellem Tonhöhenwechsel.
**Vorkommen:** Steinige Tundra und Felsküste des Nordens; im Winter regelmäßig an der Nord- und Ostseeküste auf offenen, kurzrasigen Flächen, manchmal auch an Seeufern und auf Ödland im Landesinneren.
Wintergast (Oktober–März).
**Nahrung:** Insekten, Spinnen, im Winterhalbjahr Samen.
**Brut:** Mai–Juli, 1 Brut.
Bodennest aus Tundrapflanzen, mit Federn und Wolle ausgepolstert, meist in Felsspalten und unter Steinen.

| Gimpel | |
|---|---|
| *Pyrrhula pyrrhula* | E Bullfinch |
| Familie Finken | F Bouvreuil pivoine |

Merkmale: Etwas größer als Haussperling. Wirkt gedrungen und plump, kräftiger schwarzer Kegelschnabel. Männchen durch leuchtend rosenrote Unterseite unverkennbar, Weibchen mit bräunlich-grauer Unterseite. Jungvögel mit bräunlichem Gefieder und ohne schwarze Kopfkappe.
Flug relativ langsam, in leichten Wellen, weißer Bürzel auffallend. Wenig scheu; lebt in der Regel paarweise, außerhalb der Brutzeit meist mehrere Paare in kleinen Trupps; sitzen oft dick aufgeplustert in beerentragenden Sträuchern; häufig an Futterhäuschen.
Stimme: Ruft melancholisch und weich „djü" oder „wüp", leicht nachzupfeifen, beim Abflug leise „büt büt". Gesang: unauffälliges pfeifendes und zwitscherndes Geplauder mit eingestreuten Lockrufen und gepreßten Tönen.
Vorkommen: Nadel- und Mischwald, Fichtenschonungen, Waldränder, Parks und Gärten mit viel Gebüsch, Streuobstflächen; häufig in Friedhöfen. – Teilzieher, viele Gimpel aus dem Norden überwintern bei uns.
Nahrung: Samen und Knospen von Bäumen und Kräutern, Beeren, Insekten.
Brut: April–August, 2 Bruten. Lockeres Nest aus Reisig, Moos, Wurzeln und Haaren, in dichtem Gebüsch und jungen Nadelbäumen versteckt.

### Kernbeißer
*Coccothraustes coccothraustes*    E Hawfinch
Familie Finken    F Gros-bec cassenoyaux

<u>Merkmale:</u> Deutlich größer als Haussperling. Sehr gedrungen und kurzschwänzig mit großem Kopf und extrem klobigem Schnabel (im Sommer stahlblau, im Winter hornfarben). Weibchen blasser gefärbt. Jungvögel unterseits mit dunklen Federsäumen.

Flug schnell und geradlinig in weiten Bögen und meist in Baumkronenhöhe; weiße Flügelbinde und (beim Auffliegen) weißes Schwanzende auffallend. – Scheu, hält sich im Sommer meist in Baumkronen auf; besucht im Winter Futterhäuschen.

<u>Stimme:</u> Ruft schrill und scharf „zicks" oder „zieck", „zittit" oder hoch „jichz". Gesang selten zu hören, eine klirrende und stammelnde Aneinanderreihung von variierten Rufen und nasalen Lauten. Der Gesang ist sehr wenig entwickelt und hat daher auch kaum territoriale Funktion.

<u>Vorkommen:</u> Laub- und Mischwald, besonders mit Buche und Ahorn, Parks und Gärten mit hohen Laubbäumen.

Teilzieher, viele Kernbeißer überwintern bei uns.

<u>Nahrung:</u> Samen von Laubbäumen, besonders Hainbuche, Ahorn, Kerne von Steinobst, die er aufknackt, Knospen, Insekten.

<u>Brut:</u> April–Juni, 1–2 Bruten. Umfangreiches Nest aus Zweigen, Wurzeln und Halmen, meist hoch auf Laubbäumen.

| Fichtenkreuzschnabel | |
|---|---|
| *Loxia curvirostra* | E Crossbill |
| Familie Finken | F Bec-croisé des sapins |

<u>Merkmale:</u> Etwas größer und plumper als Haussperling. Großer Kopf und kräftiger Schnabel mit überkreuzten Spitzen. Männchen ab dem 2. Lebensjahr ziegelrot, Weibchen olivgrün mit gelblichem Bürzel (siehe Zeichnung); Jungvögel stark dunkel längsgestreift.

Gesellig, meist in größeren Trupps umherstreifend, klettern papageiartig an Fichtenzapfen; um die Samen herauszuklauben, spalten sie geschickt die Schuppen der Zapfen. Singt fast zu jeder Jahreszeit.

<u>Stimme:</u> Ruft häufig hart „gip gip gip" oder „klip klip klip", oft auch im Flug, daneben weicher „tjük" oder „tjök". Gesang: viele verschiedene, 2- bis 3mal wiederholte, laute und klare Elemente, untermischt mit den typischen „gip"-Rufen und mit härteren Lauten wie „trt".

<u>Vorkommen:</u> Nadelwald, besonders Fichtenwald bis zur Baumgrenze. Vagabundieren auf der Suche nach reifen Fichtenzapfen oft weit umher.

Jahresvogel.

<u>Nahrung:</u> Samen von Fichtenzapfen, seltener von Tannen-, Kiefern- oder Lärchenzapfen, Pflanzenläuse.

<u>Brut:</u> Das ganze Jahr über, jedoch meist Dezember bis Mai, 1–2 Bruten. – Stabiles Nest aus Reisern, Halmen, Moos und Flechten, meist hoch in Fichten.

| Grünling | |
| *Chloris chloris* | E Greenfinch |
| Familie Finken | F Verdier d'Europe |

**Merkmale:** Größe wie Haussperling. Kräftiger Kegelschnabel, Gefieder gelbgrün mit besonders im Flug auffallenden gelben Flügelspiegeln. Weibchen überwiegend graugrün, gelbe Abzeichen an Flügeln und Schwanz weniger deutlich. Jungvögel kräftig dunkel längsgestreift. – Gesellig; besucht häufig Futterhäuschen. Singt schon ab Februar; fledermausartiger Balzflug mit stark verlangsamten Flügelschlägen.

**Stimme:** Ruft beim Abfliegen oft klingelnd „gügügü", bei Störung nasal „diu" oder gedehnt „dschwuit", bei Auseinandersetzungen schnarrend „tsrr". Gesang aus kanarienartig klingelnden und trillernden Touren von unterschiedlichem Tempo und Klang, dazwischen an Kleiber erinnernde Pfeiflaute und gedehnte Quetschlaute wie „dejäieh".

**Vorkommen:** Häufig in lichten Mischwäldern, an Waldrändern, in Hecken, Parks, Obstgärten und Alleen, auch in Gärten mitten in der Großstadt. Teilzieher, viele Grünlinge überwintern bei uns.

**Nahrung:** Samen, Knospen, Blüten, Insekten, Sonnenblumenkerne, Nüsse.

**Brut:** April–August, 2–3 Bruten. Lockeres Nest aus Zweigen, Wurzeln, Halmen, Moos und Pflanzenwolle, meist halbhoch in dichten Büschen und Bäumen, auch in Kletterpflanzen und Blumenkästen auf dem Balkon.

## Stieglitz
*Carduelis carduelis*   E Goldfinch
Familie Finken   F Chardonneret élégant

<u>Merkmale:</u> Kleiner als Haussperling. Auffallend buntes Gefieder, Jungvögel ohne die schwarz-weiß-rote Kopffärbung, aber mit der typischen breiten gelben Flügelbinde.
Sehr gesellig, außerhalb der Brutzeit oft in kleinen Trupps auf Wildkräuterflächen mit Disteln und anderen samentragenden Stauden. Singt meist hoch auf Bäumen.
<u>Stimme:</u> Ruft sehr häufig hoch klingelnd und schnell „didlit" oder „zidit", bei Gefahr nasal gezogen „wäii", bei innerartlichen Auseinandersetzungen schnarrend „tschrrr". Gesang: klangvolle und eilig vorgetragene Strophe aus zwitschernden und trillernden Folgen sowie nasalen Elementen, meist durch die typischen „didlit"-Rufe eingeleitet.
<u>Vorkommen:</u> Parkanlagen, Obstgärten, Heckenlandschaften, Alleen und Gärten, häufig in Dörfern mit alten Laubbäumen; außerhalb der Brutzeit oft in offenem Gelände und an Wegrändern. – Teilzieher (Oktober–März), einige Stieglitztrupps überwintern bei uns.
<u>Nahrung:</u> Samen von Disteln, Löwenzahn und Laubbäumen, Insekten.
<u>Brut:</u> Mai–August, 2 Bruten.
Dickwandiges, filziges Nest aus Gras, Moos und Pflanzenwolle, meist hoch in Laubbäumen oder Sträuchern.

### Erlenzeisig
*Carduelis spinus*  E Siskin
Familie Finken  F Tarin des aulnes

<u>Merkmale:</u> Viel kleiner als Haussperling. Relativ schlanker, spitzer Schnabel. Gefieder grünlichgelb, Flügel schwarz mit breiter gelber Flügelbinde. Männchen mit schwarzer Kopfplatte und kleinem schwarzem Kinnfleck; Weibchen graugrün, stärker gestrichelt und ohne schwarze Kopfplatte.
Turnt bei der Nahrungssuche geschickt auf Erlen und Birken; gesellig, außerhalb der Brutzeit oft in großen Schwärmen; besucht Futterhäuschen. Singt schon ab Ende Januar, meist hoch in Bäumen oder in fledermausartigem Singflug.
<u>Stimme:</u> Ruft im Flug oft wehmütig „tüli", „tsie" oder „diäh", Betonung auf der ersten Silbe, kurz „tet" oder „tetetet". Gesang eilig zwitschernd, häufig mit „tüli"-Rufen, vielen Imitationen anderer Vogelstimmen und am Ende mit einem gedehnten Quetschlaut.
<u>Vorkommen:</u> Fichten- und Mischwald, besonders in Bergwäldern bis zur Baumgrenze; im Winterhalbjahr häufig im Tiefland. – Teilzieher.
<u>Nahrung:</u> Samen von Laub- und Nadelbäumen, Insekten, Sämereien, Nüsse.
<u>Brut:</u> April–Juli, 2 Bruten. Kunstvolles Nest aus Reisern, Halmen, Moos und Flechten, meist hoch auf Fichten im äußeren Bereich der Zweige, selten auf Kiefern oder Lärchen.

| Girlitz | |
|---|---|
| *Serinus serinus* | E Serin |
| Familie Finken | F Serin cini |

**Merkmale:** Kleinster heimischer Fink. Sehr kurzer Kegelschnabel; Gefieder mit viel Gelb (Männchen), Weibchen mehr graugrün, unterseits gestreift, Bürzel wie beim Männchen gelb, im Flug oft gut zu erkennen. Jungvögel bräunlich, stark dunkel gestreift, ohne gelben Bürzel. – Flug schnell und leicht bogenförmig. Nahrungssuche häufig am Boden; tritt meist paarweise oder in kleinen Trupps auf. Singt auf Baumspitzen, Telegraphenleitungen oder in fledermausartigem Singflug, wobei der Vogel in weiten Bögen in Baumkronenhöhe fliegt und nach dem Landen intensiv weitersingt.

**Stimme:** Ruft im Flug hoch trillernd „trri", „girr" oder „girlitt", bei Beunruhigung gedehnt „dschäi". Gesang: anhaltendes hohes und klirrendes Gezwitscher in ähnlicher Höhe, das an das Quietschen eines ungeölten Rades erinnert.

**Vorkommen:** Friedhöfe, Parks, Gärten, lichter Laub- und Mischwald bis rund 1200 m Höhe, Weinberge, Obstgärten. – Sommervogel (März–Oktober).

**Nahrung:** Feine Wildsamen, grüne Pflanzenteile, Insekten.

**Brut:** April–Juli, 2 Bruten. Kunstvolles Nest aus Wurzeln, Halmen und Moos, mit Federn, Haaren und Pflanzenwolle ausgepolstert. Meist halbhoch in Nadelbäumen und Büschen.

### Zitronengirlitz
*Serinus citrinella* — E Citril Finch
Familie Finken — F Venturon montagnard

**Merkmale:** Größe wie Zeisig. Gesicht und Unterseite ungestrichelt gelb, Nacken, Wangen und Halsseiten grau, zwei gelblichgrüne Flügelbinden, Schwanz ohne Gelb, Weibchen (siehe Foto) weniger gelb und dunkler, oberseits schwach gestreift; Jungvögel mehr bräunlich, deutlich gestreift. Gesellig, im Spätwinter oft in großen Schwärmen auf aperen Flächen und in Gärten der Gebirgstäler anzutreffen.

**Stimme:** Ruft im Flug häufig hoch und etwas nasal „dit dit", auch schnell gereiht, bei Störung „ziä". Gesang erinnert in der Klangfarbe an den des Stieglitzes und ist ähnlich anhaltend wie der des Girlitzes, ein sprudelndes Gezwitscher, das oft mit einem gedehnten Quetschlaut endet.

**Vorkommen:** Häufig in lockerem Nadelwald der Alpen ab 1400 m Höhe bis zur Baumgrenze. Brütet selten im Schwarzwald, eventuell auch gebietsweise im Bayerischen Wald.
Teilzieher (März–Oktober), nur wenige überwintern bei uns.

**Nahrung:** Samen von Nadelbäumen, Kräutern und Gräsern. Insekten.

**Brut:** April–August, 1–2 Bruten. Nest aus Gräsern, Wurzeln, Moos und Flechten, innen mit Pflanzenwolle und Federn ausgepolstert, meist hoch auf Nadelbäumen; häufig auf Lichtungen mit einzelnen Nadelbäumen.

### Birkenzeisig
*Acanthis flammea*   E Redpoll
Familie Finken   F Sizerin flammé

<u>Merkmale:</u> Deutlich kleiner und schlanker als der Haussperling. Hornfarbener spitzer Schnabel; Gefieder überwiegend bräunlich gestreift, mit tiefrotem Scheitelfleck und schwarzem Kinn. Männchen im Brutkleid mit rötlicher Brust.

Sehr gesellig, im Winterhalbjahr in Schwärmen auf Erlen und Birken nach Nahrung suchend. Singt hoch auf Bäumen, im normalen Flug oder im Singflug mit verlangsamten Flügelschlägen.

<u>Stimme:</u> Typischer Flugruf ein schnelles, weit hörbares „dschädschädschä", bei Störung nasales, gezogenes „dsäid" oder „wüid". Gesang anhaltend, rauh zwitschernd mit schwirrenden Lauten, klangvollen Pfeiftönen und mit Flugrufen untermischt wie „irr djidjidji tschrr tschädtschäd".

<u>Vorkommen:</u> Lockerer Nadelwald der Alpen ab 1400 m Höhe, besonders an der Baumgrenze, Mittelgebirge, Moorgebiete des Alpenvorlandes, auch Erlen- und Weidengehölze und Nadelholzschonungen des Tieflandes; in Ausbreitung begriffen, brütet sogar schon in Städten Süddeutschlands. Teilzieher.

<u>Nahrung:</u> Samen von Bäumen und Kräutern, Insekten, feine Sämereien, Nüsse, Talg.

<u>Brut:</u> Mai–Juli, 2 Bruten. Nest aus Reisern, Moos und Halmen in unterschiedlicher Höhe in einem Baum oder Busch.

### Berghänfling
*Acanthis flavirostris*    E Twite
Familie Finken    F Linotte à bec jaune

<u>Merkmale:</u> Kleiner als Haussperling. Sehr ähnlich dem Hänflings-Weibchen, aber weniger Weiß an Flügeln und Schwanz, Gefieder mehr braun, Kehle anders als beim Hänfling nicht weißlich, sondern gelblichbraun; Bürzel beim Männchen rötlich getönt. Schnabel im Ruhekleid gelblich. Sehr gesellig, im Winter in dicht zusammenhaltenden Schwärmen auf krautigen Pflanzen, auch am Boden.

<u>Stimme:</u> Ruft im Flug „djep-ep-ep" weicher als Hänfling, daneben gezogen und quäkend „gjä gjä gjä" oder „djedu". Gesang schon im Spätwinter zu hören, holprig und gequetscht zwitschernd, mit variierten Rufen und gedehnten Schnarrlauten, etwas langsamer als Hänflingsgesang.

<u>Vorkommen:</u> Brütet in steinigen, vegetationsarmen Küstengebieten, Gebirgslagen und in Moor- und Heidegebieten Nordeuropas; im Winterhalbjahr regelmäßig auf Strandwiesen, Quellerflächen und Stoppeläckern der norddeutschen Küste, selten auf Äckern und Ödflächen bis zum Alpenvorland. Wintergast (Oktober–März).

<u>Nahrung:</u> Samen von Kräutern, Insekten, deren Larven.

<u>Brut:</u> Mai–Juli, 1–2 Bruten. Großes Nest aus Gräsern, Stengeln, Wolle und Haaren, meist in bodennahem Bewuchs oder in Höhlungen.

| | |
|---|---|
| **Hänfling** | |
| *Acanthis cannabina* | E Linnet |
| Familie Finken | F Linotte mélodieuse |

**Merkmale:** Kleiner als Haussperling. Vorderer Scheitel und Brust beim Männchen im Brutkleid leuchtend rot; Ruhekleid insgesamt blasser, kein Rot am Kopf; Weibchen stets ohne Rot, streifig und oberseits dunkelbraun; Jungvögel stärker gestreift. Im Flug weiße Federsäume der Schwingen auffallend. Gesellig, außerhalb der Brutzeit und im Winter oft in größeren, dicht zusammenhaltenden Schwärmen in offener Landschaft.

**Stimme:** Ruft im Flug nasal stotternd „gegegeg", bei Beunruhigung gedehnt und nasal „düje" oder „glü". Gesang nasal geckernd, aber wohlklingend, beginnt mit einer sich beschleunigenden Serie typischer Rufe, die in hastig vorgetragene Triller, Pfeiftöne und geräuschhafte Laute übergehen.

**Vorkommen:** Offene Kulturlandschaft mit Hecken und Gehölzen, Friedhöfe, Weinberge, Wacholderheiden, Parks und Gärten, häufig an Dorfrändern; im Gebirge bis zur Baumgrenze. Teilzieher, viele Hänflingstrupps überwintern bei uns.

**Nahrung:** Samen von krautigen Pflanzen und Bäumen, kleine Insekten.

**Brut:** April–August, 2 Bruten. Nest aus Halmen, Wurzeln und Bast, niedrig in Hecken, Büschen und Jungbäumen; oft kleine Kolonien mehrerer Brutpaare.

| **Buchfink** | |
|---|---|
| *Fringilla coelebs* | E Chaffinch |
| Familie Finken | F Pinson des arbres |

Merkmale: Größe wie Haussperling. Oberkopf beim Männchen im Brutkleid leuchtend blaugrau, im Ruhekleid bräunlichgrau; Weibchen oberseits olivbraun, unterseits graubraun. Besonders im Flug sind die leuchtendweißen Flügelabzeichen und die weißen Schwanzkanten auffällig.

Nahrungssuche meist am Boden, trippelt mit ruckartigen Kopfbewegungen. Singt bereits Ende Februar. Außerhalb der Brutzeit oft in großen Schwärmen zusammen mit anderen Finken und Ammern.

Stimme: Ruft bei Gefahr laut und kurz „pink", ähnlich der Kohlmeise, bei Erregung weich „füid" oder wiederholt „wrrüt" (Regenruf), beim Auffliegen kurz „jüb". Gesang: eine laut schmetternde, abfallende Strophe mit betontem Schluß, wie „zizizizjezja-zo-ritjukik", das „kik" – vom Buntspecht imitiert – fehlt regional.

Vorkommen: Überall häufig, wo es Bäume gibt; von der Meeresküste bis zum Hochgebirge. Teilzieher, bei uns überwintern fast nur Männchen.

Nahrung: Wildsamen, Früchte, Beeren, Insekten, Spinnen, grobe und feine Sämereien, Getreide.

Brut: April–Juli, 2 Bruten. Kunstvolles, festes Napfnest aus Moos, Gras, Wurzeln und Flechten, außen mit Spinnweben durchsetzt, relativ hoch in Bäumen und Büschen.

| Bergfink | |
| --- | --- |
| *Fringilla montifringilla* | E Brambling |
| Familie Finken | F Pinson du nord |

Merkmale: Größe wie Haussperling. Weißer Bürzel, der gelegentlich bei jungen Weibchen fast fehlt, beim Auffliegen deutlich zu sehen. Männchen im Brutkleid: Kopf, Schnabel und Rücken schwarz, Kehle, Brust und Schulter orangefarben; Männchen im Ruhekleid (siehe Foto) schwarze Gefiederpartien bräunlich geschuppt, durch Abnutzung der hellen Federsäume entsteht im Frühjahr allmählich die Schwarzfärbung. Weibchen mit grauen Wangen, schwärzlich gestreiftem Scheitel und stets braun gemustertem Rücken.
Im Winter oft in großen Schwärmen, auch mit Buchfinken gemischt; besucht Futterhäuser.

Stimme: Ruft auffällig quäkend „dschäe" oder „kwäig", im Flug kurz „jäk", beim Abflug gereiht. Gesang nicht sehr laut, eine Kombination von grünlingsartigen Quetschlauten wie „dsäää" und scheppernden Elementen.
Vorkommen: Häufiger Brutvogel in Fjällbirken- und Nadelwäldern des Nordens; im Winterhalbjahr Buchenwälder, Felder, Parks und Gärten. Wintergast (Oktober–April).
Nahrung: Insekten und deren Larven, im Winter Bucheckern, grobe Sämereien.
Brut: Mai–Juli, 1 Brut.
Nest aus Moos, Flechten und Halmen, meist 2–3 m hoch in eine Astgabel gebaut.

## Haussperling
*Passer domesticus*
Familie Sperlinge

E House Sparrow
F Moineau domestique

**Merkmale:** Männchen kontrastreich mit grauem Oberkopf, großem schwarzem Kehllatz und hellgrauer Unterseite. Weibchen und Jungvögel schlicht graubraun.

Sehr gesellig, oft in lärmenden Trupps, die einander ständig verfolgen und dabei tschilpen und zetern; im Gegensatz zum Buchfink auf dem Boden hüpfend; badet gerne in Staub; häufig Gruppenbalz mehrerer Männchen mit hängenden Flügeln und gestelztem Schwanz.

**Stimme:** Ruft bei Erregung durchdringend „tetetetet" oder „tschedtsched", im Flug häufig „tschuib" oder „dschlue". Gesang: das allbekannte rhythmische Tschilpen wie „tschilp tschelp tschilp".

**Vorkommen:** Überall, wo es Häuser gibt; sehr häufiger Kulturfolger in Dörfern, Städten und an Einzelgehöften; auch an manchen Berghütten. – Jahresvogel.

**Nahrung:** Insekten, deren Larven, Samen, Früchte, Beeren, Knospen, Getreide, Abfälle.

**Brut:** April–August, 2–3 Bruten. Wenig sorgfältiges, überdachtes Nest aus Halmen, Stengeln, Papier und Lumpen, innen mit Federn ausgepolstert, unter Hausdächern, in Mauerlöchern, Kletterpflanzen, in alten Schwalbennestern oder in Storchenhorsten; Freinester in Bäumen kommen nur selten vor.

| **Feldsperling** | |
|---|---|
| *Passer montanus* | E Tree Sparrow |
| Familie Sperlinge | F Moineau friquet |

**Merkmale:** Etwas kleiner und schlanker als Haussperling, leicht durch kastanienbraunen Oberkopf und Nacken sowie schwarzen Ohrfleck und kleinen schwarzen Kehlfleck zu unterscheiden. Jungvögel mit graubraunem Oberkopf und dunkelgrauer Kehle. – Ebenso gesellig wie Haussperling, aber unauffälliger, nicht so lärmend; im Winter häufig an Dorfrändern; besucht Futterhäuschen, aber zurückhaltender als Hausspatz. Beide Sperlingsarten sind an der Fütterung viel weniger zänkisch als Finken.

**Stimme:** Ruft bei Erregung und im Flug hart „tek tek tek", oft auch mit „zwit" kombiniert, daneben „dschäd dschäd". Gesang ähnlich dem des Haussperlings, ein rhythmisches, stammelndes Tschilpen, jedoch kürzer und geräuschhafter.

**Vorkommen:** Weniger an Siedlungen gebunden als Haussperling; offene Kulturlandschaft mit Hecken, Feldgehölzen, Obstgärten, Parks, Stadt- und Dorfränder. – Teilzieher, viele Feldsperlinge überwintern bei uns.

**Nahrung:** Insekten, Samen, Früchte, Knospen, Sämereien, Haferflocken, Getreide, Abfälle.

**Brut:** April–August, 2–3 Bruten. Überdachtes Nest aus Halmen und Stengeln, innen mit Federn gepolstert, in Baumhöhlen, Nistkästen, Felslöchern und sogar in alten Uferschwalbenröhren.

| Star | |
|---|---|
| *Sturnus vulgaris* | E Starling |
| Familie Stare | F Étourneau sansonnet |

Merkmale: Kleiner als Amsel. Kurzschwänzig und untersetzt, langer und spitzer gelber Schnabel; im Herbst brauner Schnabel und dicht weiß getupft (Perlstar) durch weiße Federsäume, die sich zum Frühjahr hin allmählich abnutzen und so das grün-violett glänzende Brutkleid freilegen. Jungvögel einheitlich graubraun mit heller Kehle, Schnabel dunkel. Im Flug (siehe Zeichnung) dreieckige, spitze Flügel sowie kurze Gleitflugstrecken auffallend. – Sucht in wackelndem Gang und ständig stochernd auf dem Boden nach Nahrung. Sehr gesellig, außerhalb der Brutzeit oft in großen Schwärmen.

Stimme: Ruft häufig heiser „rräh"
oder „ärr", schrill „schrien" oder, bei Gefahr, hart „spett spett". Gesang: abwechslungsreiches, anhaltendes Schwätzen aus pfeifenden, schnurrenden, schnalzenden und ratternden Lauten; viele Imitationen anderer Vogelstimmen und Umweltgeräusche.

Vorkommen: Überall häufig, wo es Bäume und Nistkästen gibt. Teilzieher (Februar–November), nur wenige Stare überwintern in Mitteleuropa.

Nahrung: Insekten, Würmer, Schnecken, Obst, Beeren (Weintrauben).

Brut: April–Juli, 1–2 Bruten. Unordentliches Nest aus Stroh, Stengeln und Blättern, in Baumund Felshöhlen, Nistkästen.

## Pirol

*Oriolus oriolus*  E Golden Oriole
Familie Pirole  F Loriot d'Europe

<u>Merkmale:</u> Knapp amselgroß. Männchen auffallend gelb-schwarz, kaum zu verwechseln; Weibchen und Jungvögel mit grünlicher Ober- und hellgrauer, schwach gestreifter Unterseite. Scheu, lebt zur Brutzeit sehr versteckt im Blätterdach der Bäume. Fliegt schnell und in großen, flachen Bögen das letzte Stück, bevor er in einer Baumkrone landet, pfeilartig mit angelegten Flügeln. Wenig gesellig.

<u>Stimme:</u> Ruft bei Beunruhigung rauh und gepreßt „krää" oder „grewäh". Gesang: ein leicht nachzupfeifendes, klangvoll flötendes „didualiu", „düdlio" oder ähnlich, der erste Teil leiser und weniger weit hörbar.

<u>Vorkommen:</u> Alter Laubwald, Auwald, Parks mit altem Baumbestand; gebietsweise in Kiefernwald; bei uns selten und nur im Flachland.
Sommervogel (Mai–September).

<u>Nahrung:</u> Größere Insekten, deren Larven (Raupen), Beeren, Obst.

<u>Brut:</u> Mai–Juli, 1 Brut.
Kunstvolles, hängendes Napfnest aus Grashalmen, Bast und manchmal Papier, in eine Astgabel oder zwischen zwei waagrechte Zweige geflochten, meist hoch auf Laubbäumen. Das Nistmaterial wird vor dem Verbauen mit Speichel angefeuchtet, wodurch das Nest sehr stabil wird und sogar Stürmen standhält.

---

### Eichelhäher
*Garrulus glandarius*    E Jay
Familie Rabenvögel    F Geai des chênes

---

**Merkmale:** Kleiner als Rabenkrähe. Gefieder überwiegend rötlichbraun, auffallende blauschwarz gemusterte Flügeldekken, schwarzer Bartstreif. Flug langsam und mit unregelmäßigen Flügelschlägen, wirkt oft etwas unbeholfen und flatternd, weißer Bürzel im Flug meist deutlich zu sehen (siehe Zeichnung). Hüpft zur Nahrungssuche oft auf dem Boden; während der Brutzeit versteckte Lebensweise. Im Winter vielfach in kleinen, locker zusammenhaltenden Trupps, auch in Parks und Gärten und an Futterstellen für Kleinvögel.

**Stimme:** Ruft bei Erregung laut und rauh kreischend wie „rräh rräh" oder „schräih", daneben leise „gahi", auch oft ein bussardähnliches „hii-ä". Gesang sehr abwechslungsreich, leise schwatzend aus rätschenden, schnalzenden, miauenden und bauchrednerartigen Lauten, häufig mit Imitationen untermischt.

**Vorkommen:** Alle Arten von Wald, in den Alpen bis 1600 m Höhe; Parks und Gärten mit Baumbestand.
Teilzieher, viele Eichelhäher überwintern bei uns.

**Nahrung:** Samen, Baumfrüchte, Insekten, Früchte, Vogeleier und Jungvögel.

**Brut:** April–Juni, 1 Brut.
Relativ kleines, flaches Nest aus Zweigen, Wurzeln und Haaren, meist gut versteckt in Bäumen.

## Tannenhäher

*Nucifraga caryocatactes*
Familie Rabenvögel

E Nutcracker
F Casse-noix moucheté

**Merkmale:** Deutlich kleiner als Rabenkrähe. Kräftiger, langer, schwarzer Schnabel. Sitzt oft auf Nadelbaumspitzen. Im Flug breite, abgerundete Flügel, kurzer Schwanz und leuchtendweiße Unterschwanzdecken auffällig (siehe Zeichnung).
Außerhalb der Brutzeit in kleinen Trupps.

**Stimme:** Ruft häufig schnarrend und etwas nasal „grährr-grährr", oft in langen Reihen, daneben dohlenartig „jäk jäk". Gesang unbedeutend, leise schwätzend mit Imitationen anderer Vogelstimmen untermischt.

**Vorkommen:** Nadel- und Mischwald der Mittelgebirge und der Alpen bis 2000 m Höhe; im Winter oft in den Alpentälern; in manchen Jahren invasionsartige Einflüge von Tannenhähern der dünnschnäbeligen sibirischen Rasse.

**Nahrung:** Samen von Nadelbäumen (vor allem Arve), Hasel- und Walnüsse, Bucheckern, Eicheln, Beeren, Obst. Tannenhäher legen sich im Herbst Vorratslager an Arven- und anderen Baumsamen an, die sie im Kehlsack transportieren und dann im Boden verstecken. Noch im Frühjahr suchen sie diese Verstecke auf und verzehren die Samen.

**Brut:** März–Mai, 1 Brut.
Nest aus Reisig, Gräsern und Flechten, mit etwas Erde verfestigt, meist hoch in Nadelbäumen.

### Elster
*Pica pica* — E Magpie
Familie Rabenvögel — F Pie bavarde

Merkmale: Länge wie Rabenkrähe, aber nur halb so schwer.
Durch sehr langen, stufigen
Schwanz und glänzend schwarz-
weißes Gefieder unverkennbar;
fliegt mit unregelmäßigen Flügelschlägen, dabei fallen die weißen
Handschwingen auf (siehe Zeichnung). Jungvögel mit kürzerem
Schwanz und matterem Gefieder.
Läuft am Boden in wackelndem
Gang; wachsam und scheu; gesellig, meist paarweise oder in kleinen Trupps.
Stimme: Ruft rauh schackernd
„tscharrr-ackackack" oder schnell
„kekekek" oder „jäckjäckjäck".
Gesang: ein rauh gurgelndes
Schwätzen mit schnarrenden, gepreßten und pfeifenden Lauten.

Vorkommen: Offene Kulturlandschaft mit Hecken und Gehölzen,
Alleen; Parks, Dörfer; meidet geschlossenen Wald; im Gebirge bis
1500 m Höhe.
Jahresvogel.
Nahrung: Würmer, Schnecken,
Insekten, Eier, Jungvögel, Früchte, Frösche, Mäuse, Samen, Abfälle.
Brut: März–Mai, 1 Brut.
Großes, überdachtes Reisignest
mit seitlichem Eingang, Nestmul-
de aus Wurzeln und mit feuchtem
Lehm verfestigt. Neststand hoch
in Bäumen und Büschen und in
hohen Hecken.
Häufig brüten Baum- und Turmfalke und Waldohreulen in alten
Elsternestern.

## Alpendohle
*Pyrrhocorax graculus*  E Alpine Chough
Familie Rabenvögel  F Chocard à bec jaune

<u>Merkmale:</u> Kleiner und schlanker als Rabenkrähe. Gelber, schwach gebogener Schnabel, orangerote Beine (siehe Zeichnung). Jungvögel mit grauschwarzen Beinen und bräunlichem Schnabel.
Sehr gesellig und lärmend. Treten oft in Schwärmen von mehreren hundert Vögeln auf, wirbeln wie dürres Laub im Aufwind über Bergspitzen oder vollführen akrobatische Flugspiele, erreichen dabei bis 200 km/Stunde. Wenig scheu, lassen sich an Berghütten oft nah heranholen und füttern.
Fliegen im Winter häufig in Schwärmen in die Täler, um dort auf Müllplätzen der Dörfer Nahrung zu suchen.
<u>Stimme:</u> Ruft häufig scharf und schrill „psia" oder „zja", bei Gefahr durchdringend „tschrirr". Gesang selten zu hören, ein unbedeutendes Schwätzen, mit harten, metallischen Pfiffen durchsetzt.
<u>Vorkommen:</u> Häufig in den Alpen oberhalb der Baumgrenze: um Berggipfel, Seilbahnstationen und Skihütten; im Winter in tieferen Lagen und in den Tälern. Jahresvogel.
<u>Nahrung:</u> Insekten, deren Larven, Würmer, Schnecken, Aas, Beeren, Früchte, Abfälle.
<u>Brut:</u> April–Juli, 1 Brut.
Nest aus Reisig, Wurzeln und feinen Halmen, tief in Spalten an Felswänden, oft in größeren Naturhöhlen und Bergbahntunnels angelegt.

| | |
|---|---|
| **Dohle** | |
| *Corvus monedula* | E Jackdaw |
| Familie Rabenvögel | F Choucas des tours |

<u>Merkmale:</u> Deutlich kleiner als Rabenkrähe. Helle Augen; Gefieder überwiegend schwarz, Nakken und Hinterkopf grau (siehe Zeichnung). Jungvögel mit bräunlichschwarzem Gefieder.

Sehr gesellig, Nahrungssuche meist in kleinen Trupps auf offenem Gelände. Dohlen fliegen im Winter oft in Saatkrähenschwärmen mit, man erkennt sie anhand ihrer helleren Rufe und schnelleren Flügelschläge.

<u>Stimme:</u> Ruft häufig kurz und laut „kja" oder „kjak", auch gereiht, daneben schnarrend „kjerr", bei Gefahr hoch „jüp". Gesang selten zu hören, ein leises Schwätzen mit knackenden Tönen und miauenden Lauten wie „gjau-gjü".

<u>Vorkommen:</u> Gehölze und Parks mit alten Bäumen, Kirchtürme, Burgen, Ruinen, Felswände und Steinbrüche; auch in aufgelockertem Laubwald mit Schwarzspechthöhlen.

Teilzieher.

<u>Nahrung:</u> Insekten, Würmer, Schnecken, Früchte, Körner, Mäuse, Jungvögel, Abfälle.

Brut: April–Juni, 1 Brut.

Koloniebrüter in Baumhöhlen, Felsspalten und -nischen, Mauerlöchern, Nistkästen; unterschiedlich großes Reisignest, innen mit weichem Pflanzenmaterial und Tierwolle gepolstert. In senkrechten Kaminen bauen die Vögel ihre Nester auf einer großen Zahl eingetragener Zweige.

| | |
|---|---|
| **Saatkrähe** | |
| *Corvus frugilegus* | E Rook |
| Familie Rabenvögel | F Corbeau freux |

**Merkmale:** Nur geringfügig kleiner als Rabenkrähe. Gefieder schwarz, blau schillernd; am besten durch unbefiederte, weißliche Schnabelwurzel, eckig wirkenden Kopf mit steiler Stirn und locker abstehendes Bauch- und Schenkelgefieder von der Rabenkrähe zu unterscheiden; Jungvögel siehe Zeichnung. Flug schneller und wendiger als bei der Rabenkrähe. Sehr gesellig, im Winter häufig große Schwärme von Saatkrähen aus nördlichen und östlichen Brutgebieten auf Feldern, in Parks und Anlagen nach Nahrung suchend. Bei uns stark bedroht und nur gebietsweise, im Tiefland brütend.

**Stimme:** Ruft tiefer und rauher als Rabenkrähe wie „kroh", „krah" oder „korr", daneben „kja" und ein mechanisch klingendes „krrr". Gesang schwätzend und schnarrend mit metallischen und krächzenden Lauten.

**Vorkommen:** Offene Kulturlandschaft mit Gehölzen, Ränder von Laub- und Nadelwald, Parks, auch in größeren Städten. Teilzieher.

**Nahrung:** Insektenlarven wie Raupen und Drahtwürmer; Schnecken, Mäuse, Samen, grüne Pflanzenteile, Abfälle.

**Brut:** März–Mai, 1 Brut. Koloniebrüter in Baumkronen; großes Nest aus Zweigen, Halmen und Erde, mit Gras, Blättern, Haaren und Wolle gepolstert.

## Rabenkrähe
*Corvus corone corone*  E Carrion Crow
Familie Rabenvögel  F Corneille noire

<u>Merkmale:</u> Gefieder ganz schwarz mit schwachem Glanz. Schnabel etwas kräftiger als bei der Saatkrähe, weniger spitz und stets ganz schwarz. Jungvögel matter gefärbt.

Tritt meist paarweise oder in kleinen Trupps nichtbrütender Vögel auf, aber nie in riesigen Schwärmen wie die Saatkrähe. Flug (siehe Zeichnung) wirkt langsam, segelt nur selten.

<u>Stimme:</u> Ruft häufig „kräh“, „wärr“ oder „krah“, meist 2- bis 4mal wiederholt, bei Gefahr kurz „krr“. Gesang nur selten zu hören und relativ leise vorgetragen, bauchrednerartig schwätzend mit pfeifenden und kreischenden Lauten und zahlreichen Imitationen auch anderer Vögel.

<u>Vorkommen:</u> Häufig in offenem Kulturland, in Mooren, an der Küste, in Parks und Gärten, auch innerhalb der Städte; im Gebirge bis 2000 m Höhe.
Jahresvogel.

<u>Nahrung:</u> Würmer, Schnecken, Insekten, Mäuse, Eier, Jungvögel, Frösche, Aas, Früchte, Samen, Pflanzenteile und Abfälle aller Art.

<u>Brut:</u> März–Juni, 1 Brut.
Großes, stabiles Nest aus Zweigen, mit feuchter Erde verfestigt, innen mit Haaren und Wolle ausgepolstert. Brütet meist hoch auf Bäumen, auf einer Astgabel, aber auch in Felsnischen, an Gebäuden und in hohen Büschen.

| Nebelkrähe | |
|---|---|
| *Corvus corone cornix* | E Hooded Crow |
| Familie Rabenvögel | F Corneille mantelèe |

**Merkmale:** Raben- und Nebelkrähe sind Rassen derselben Art, der Aaskrähe (*Corvus corone*). Rücken und Unterseite hellgrau gefärbt (siehe Zeichnung), sonstige Färbung wie bei der Rabenkrähe. In der Überlappungszone kommen fruchtbare Mischlinge von Raben- und Nebelkrähe vor, die intermediäre Gefiedermerkmale aufweisen.

Tritt meist paarweise auf, im Winter auch in größeren Trupps, die an gemeinsamen Schlafplätzen übernachten, aber nie in so großen Wanderscharen wie Saatkrähen auftreten.

**Stimme:** Ruft häufig „kräh", „wärr" oder „krah", meist 2- bis 4mal wiederholt, bei Gefahr kurz „krr". Gesang bauchrednerartig schwätzend mit pfeifenden und kreischenden Lauten und zahlreichen Imitationen.

**Vorkommen:** Häufig in offenem Kulturland, in Mooren, an der Küste, in Parks und Gärten, oft innerhalb der Städte; im Gebirge bis 2000 m Höhe. Brütet bei uns nur östlich der Elbe, in Teilen der Südschweiz und in Oberösterreich.

Jahresvogel.

**Brut:** März–Juni, 1 Brut.

Großes, stabiles Nest aus Zweigen und mit feuchter Erde verfestigt; brütet meist hoch in Bäumen, aber auch in Felsnischen, an Gebäuden und in hohem Gebüsch.

## Kolkrabe
*Corvus corax*   E Raven
Familie Rabenvögel   F Grand corbeau

<u>Merkmale:</u> Deutlich größer als Rabenkrähe. Sehr kräftiger, schwarzer Schnabel, Gefieder schwarz mit bläulichem Glanz. Fliegt mit wuchtigen Flügelschlägen, oft pfeifendes Fluggeräusch hörbar; segelt häufig, auffallend der keilförmige Schwanz (siehe Zeichnung). Häufig größere Schwärme nichtbrütender Vögel.

<u>Stimme:</u> Sehr vielseitig; ruft tief und sonor „grok", „krah" oder „kroar", auch hohl „klong", hölzern „k-k" und bei Gefahr „kra-kra". Gesang abwechslungsreich schwätzend mit rufähnlichen, schnarrenden und schnalzenden Lauten und mit zahlreichen Imitationen.

<u>Vorkommen:</u> Sehr unterschiedliche Lebensräume, wie offene zusammenhängende Waldgebiete, Gebirgs- und Küstenregionen, Tundra und Steppe. Bei uns nur in den Alpen, im Alpenvorland und in aufgelockerten Waldgebieten Schleswig-Holsteins und Niedersachsens; in Mitteleuropa außerhalb der Alpen gefährdet. Jahresvogel.

<u>Nahrung:</u> Aas, Insekten, Würmer, Schnecken, kleine Säugetiere, Vögel.

<u>Brut:</u> Februar–März, 1 Brut. Großes Nest aus Ästen, Zweigen, Moos und Lehm, mit Gras, Blättern, Wolle und Haaren ausgelegt, in Nischen steiler Felswände oder auf hohen Bäumen des Tieflandes, oft auf starken Astgabeln.

**Ohrenlerche**
*Eremophila alpestris*
Familie Lerchen
Etwas größer als Haussperling. Einzige Lerchenart bei uns mit Gelb an Kopf, Kinn und Kehle; oberseits sandgrau. Die im Brutkleid deutlichen Federohren sind im Ruhekleid kaum sichtbar.
Brütet in Nordeuropa. Im Winter in kleinen Trupps an der Nord- und Ostseeküste auf Strandwiesen und Feldern. Nicht sehr scheu.
Ruft im Flug rein und klingelnd „siit-dit-dit" und „psiit".

**Felsenschwalbe**
*Ptyonoprogne rupestris*
Familie Schwalben
Ähnlich Uferschwalbe, aber etwas größer, Unterseite dunkler, kein Brustband; Schwanz nicht gegabelt, bei Spreizung wird eine helle Fleckenreihe auf den Steuerfedern sichtbar.
Brütet an südexponierten Felswänden des Alpengebietes, unregelmäßig und in wenigen Paaren auch in Bayern. Sommervogel.
Ruft leise „tit tit" oder „twitt".

**Rotkehlpieper**
*Anthus cervinus*
Familie Stelzen
Größe und Aussehen ähnlich Wiesenpieper, aber Rücken und Vorderseite kräftiger gefleckt.
Brütet in der Strauchtundra des hohen Nordens. In Mitteleuropa seltener Durchzügler, vorwiegend im Herbst; auf spärlich bewachsenen Flächen, meist in lok-

ker zusammenhaltenden Trupps. Ruft im Flug scharf „psieh" oder baumpieperartig „psit".

**Seidenschwanz**
*Bombycilla bombycilla*
Familie Seidenschwänze
Kleiner als Star, gedrungen. Rotbraunes, seidiges Gefieder, aufstellbare Federhaube, rote, weiße und gelbe Flügelabzeichen, gelbes Schwanzende. Flugbild ähnlich dem des Stars.
Brutvogel in Nordeuropa, bei uns unregelmäßiger Durchzügler und Wintergast (Invasionsvogel) in kleinen Trupps, vorwiegend auf beerentragenden Sträuchern und Bäumen.
Ruft hoch und klingelnd „srii" oder „sirr".

**Schwarzstirnwürger**
*Lanius minor*
Familie Würger
Ähnlich Raubwürger, aber etwas kleiner; breiter, schwarzer, über die Stirn ziehender Augenstreif.
Brütet regelmäßig nur noch in Ost- und Südost–Mitteleuropa. Sommervogel in offener Landschaft mit Feldgehölzen und Alleen, in Weinbergen und Streuobstflächen.

**Seggenrohrsänger**
*Acrocephalus paludicola*
Familie Grasmücken
Ähnlich Schilfrohrsänger, aber insgesamt gelblicher. Scheitel viel dunkler, in der Mitte gelblicher Längsstreif, Bürzel gestreift.
Sommervogel, lebt in ausgedehn-

ten Seggenbeständen des nordöstlichen Mitteleuropa.

## Schlagschwirl
*Locustella fluviatilis*
Familie Grasmücken
Etwas kleiner als der ähnliche
Rohrschwirl. Kehle und Brust
zart dunkel längsgestreift, Schwanz
breit abgerundet.
Sommervogel, lebt versteckt
in unterholzreichen Auwäldern,
Flußauen und anderen Sumpfge-
bieten. Östliche Art, die sich nach
Westen ausbreitet, Westgrenze
derzeit in der BRD.
Gesang ausdauernd wetzend
„dzedzedzedze…", singt auch
nachts.

## Grünlaubsänger
*Phylloscopus trochiloides*
Familie Grasmücken
Sehr ähnlich Zilpzalp und Fitis,
aber mit einer schmalen Flügelbinde, weniger gelber Unterseite
und ausgeprägterem Überaugenstreif. Beine dunkel.
Sommervogel in Wäldern und
Parks des nordöstlichen Mitteleuropa, in Ausbreitung nach Westen begriffen.
Gesang relativ laut, dreiteilig, beginnt mit wenigen hohen Tönen.

## Zwergschnäpper
*Ficedula parva*
Familie Sänger
Kleiner als Rotkehlchen. Kehle
und Brust rostrot, Schwanz an der
Basis weiß gesäumt. Weibchen
und jüngere Männchen ohne Rot.
Sommervogel in alten, feuchten
Laubwäldern. Östliche Art, west-
wärts bis Norddeutschland und
Südbayern verbreitet.
Gesang eine abfallende, reintoni-
ge Folge, an Fitisgesang erin-
nernd.

## Steinrötel
*Monticola saxatilis*
Familie Sänger
Kleiner als Amsel. Beim Männchen Kopf und Hals graublau,
Unterseite und Schwanz rostrot,
Bürzel weiß. Weibchen bräunlich
mit Schuppenzeichnung.
Scheu, sitzt häufig aufrecht und
frei auf Felsen. Sommervogel,
brütet in wenigen Paaren an
warmen, spärlich bewachsenen,
hoch gelegenen Felshängen, in
Steinbrüchen und Ruinen Öster-
reichs und der Schweiz.

## Bartmeise
*Panurus biarmicus*
Familie Rohrmeisen
Kleiner als Haussperling, mit auf-
fälligem, langem Schwanz. Gefieder überwiegend zimtbraun.
Männchen mit breitem, schwarzem Bartstreif. Kopf beim Männchen blaugrau, beim Weibchen
bräunlich.
Lebt in ausgedehnten Schilfbe-
ständen. Teilzieher, in Mitteleuropa unregelmäßiger Brutvogel.
Kontaktruf nasales „ping-ping".

## Mauerläufer
*Tichodroma muraria*
Familie Mauerläufer
Etwas größer als Haussperling.
Flug schmetterlingsartig leicht;
große, runde Flügel mit auffallen-
der roter Zeichnung und weißen
Flecken; langer, dünner, geboge-
ner Schnabel.
Klettert geschickt an senkrechten
Felswänden, zuckt dabei ständig
mit den Flügeln. Meist oberhalb
der Baumgrenze, im Winter in tie-
feren Lagen, dann auch an Ge-
bäuden. Spärlich verbreiteter
Jahresvogel in den Alpen.

## Zippammer

*Emberiza cia*

Familie Ammern

Etwas größer als Haussperling. Gefieder überwiegend zimtbraun, oberseits dunkel längsgestrichelt, Kopf aschgrau mit auffälligen, schwarzen Längsstreifen, Kehle aschgrau.

Brütet in Weinanbaugebieten und an sonnigen, felsdurchsetzten Berghängen in den Alpen. Teilzieher. Ruft kurz und hoch „zip".

## Zaunammer

*Emberiza cirlus*

Familie Ammern

Etwas größer als Haussperling. Unterseite gelb, grünliches Brustband, Kopf schwarz-gelblich gestreift, Kinn und Kehle schwarz, Bürzel olivbraun.

Brütet bei uns spärlich an warmen Hängen mit Gebüsch, in Weinbergen und an grasbewachsenen Südhängen der Alpen. Teilzieher. Gesang kurzes, an Klappergrasmücken erinnerndes Scheppern.

## Ortolan

*Emberiza hortulana*

Familie Ammern

Etwas größer als Haussperling. Gefieder oberseits braungrau, unterseits zimtbraun, Kopf grau, gelblicher Augenring, Bartstreif, Kinn und Kehle gelblich. Weibchen und Jungvögel blasser, mit fein gestrichelter Brust.

Brütet bei uns lokal in abwechslungsreicher, trockener Kulturlandschaft des Tieflandes mit einzelnen Bäumen, in Weinbergen und an Landstraßen. Sommervogel.

Gesang ähnlich dem der Goldammer, wie „zri zri zri didijü".

## Spornammer

*Calcarius lapponicus*

Familie Ammern

Größe wie Haussperling, Gefieder im Ruhekleid ähnlich Rohrammer-Weibchen, aber Kopf braunfleckig, Kinn und Kehle weißlich, Schnabel gelblich.

Hält sich im Winter auf küstennahen Wiesen und Feldern auf; weniger gesellig als Ohrenlerche und Schneeammer. Brütet in Nordeuropa.

Ruft im Flug trillernd „pititi" oder melodisch „tjüe".

## Karmingimpel

*Carpodacus erythrinus*

Familie Finken

Wenig kleiner als Haussperling. Kopf, Kehle, Brust und Bürzel karminrot, Oberseite braun. Weibchen und einjährige Männchen olivbraun mit gestreifter Brust.

Brütet in feuchtem Gebüsch, Bruchwald, in Parklandschaften und Anpflanzungen. In Ausbreitung westwärts begriffen, z. Zt. bis Norddeutschland, Südbayern, Österreich und Schweiz. Sommervogel.

Gesang leicht zu merken, wie „düdü-di-düidia".

## Alpenkrähe

*Pyrrhocorax pyrrhocorax*

Familie Rabenvögel

Ähnlich der etwas kleineren Alpendohle, aber Schnabel rot, lang und gebogen.

Weniger vertraut als die Alpendohle. Brütet nur sporadisch in den Alpen, meist oberhalb der Baumgrenze an schroffen Felsen. Jahresvogel.

Ruft häufig gereiht „kijarr".

Eine der wichtigsten Voraussetzungen für den Schutz wildlebender Vögel und anderer Tiere ist die Erhaltung ihrer Lebensräume, der Landschaftsbereiche also, in denen sie ausreichend Nahrung, Schutz vor Feinden und geeignete Plätze für die Jungenaufzucht finden.

Da die natürlichen Lebensräume für unsere Singvögel aus den verschiedensten Gründen jedoch immer seltener werden, gewinnen naturnah gestaltete Gärten als Ausgleich für die zerstörten Naturlandschaften immer mehr an Bedeutung.

Freilich wird man vergebens versuchen, Singvogelarten mit speziellen Ansprüchen an den Lebensraum, wie z. B. Blaukehlchen, Drosselrohrsänger, Zwergschnäpper oder Heidelerche, im normalen Hausgarten anzusiedeln, denn diese Arten können nur in weiträumigen Feuchtgebieten bzw. in bestimmten Waldlandschaften überleben. Trotzdem bleiben von den heimischen Singvögeln noch rund 40 Arten, die als Bewohner naturnaher Gärten in Frage kommen!

### Ersatzlebensraum – naturnaher Garten

Will man möglichst viele Vogelarten im Garten ansiedeln, sollte man schon bei der Planung und Anlage die Bedürfnisse unserer Gefiederten soweit wie möglich berücksichtigen:

– Hecken aus einheimischen Sträuchern und Bäumen bieten in der Regel bessere Brut- und Versteckmöglichkeiten als fremdländische Gehölze, zudem sind sie in den Wintermonaten höchst willkommene Nahrungslieferanten. Bewährte Arten sind z. B. Weiß- und Schwarzdorn, Hundsrose, Schneeball, Hasel, Vogelbeere, Holunder und Liguster.

– Eine Ecke im Garten, in der das Gras hoch wachsen kann und mit Brennesseln, Him- und Brombeeren durchsetzt ist, bietet Grasmücken, Laubsängern und Zaunkönigen gute Brutmöglichkeiten.

– In Reisighaufen finden vor allem gerade flügge Jungvögel sichere Verstecke vor Greifvögeln und Katzen.

– Selbstverständlich darf eine Wiese mit vielen Blumen und Kräutern nicht fehlen. Hier leben sehr viele Insekten, die wiederum wichtige Nahrung für unsere Singvögel darstellen.

– Anfallendes Laub sowie Rasenschnitt und Zweige sollten nicht in den Mülleimer wandern, sondern an verschiedenen Stellen im Garten liegengelassen werden; diese „Bioabfälle" wandeln sich zudem mit der Zeit kostenlos in Humus um.

– Selbstverständlich sollte der Einsatz chemischer Dünge- und Pflanzenschutzmittel auf ein Minimum reduziert werden, denn diese Stoffe schädigen nicht nur die Vögel, sondern vernichten auch deren Nahrungsgrundlage.

– Eine Wasserstelle im Garten übt nicht nur an heißen Tagen eine starke Anziehungskraft auf unsere Singvögel aus. Um die gefiederten Gäste vor Feinden, vor allem Katzen, zu schützen, ist es ratsam, die Tränke auf einen Pfahl zu montieren! Vogeltränken am Boden sollten mindestens 3 m von höherem Pflanzenwuchs, der die Sicht behindert, entfernt sein. Die Tränke selbst darf nicht zu tief sein und muß flache Ränder haben. „Inseln" aus größeren Steinen verhindern, daß Kleintiere darin ertrinken.

## Nisthilfen für Höhlenbrüter

Die beste Voraussetzung für die Ansiedlung höhlenbrütender Singvögel ist natürlich das Vorkommen von alten Laubbäumen mit Spechthöhlen und ausgefaulten Astlöchern. Aber auch ein Nistkasten lindert so manche „Wohnungsnot", wenn er auch einen Baum mit seinem vielfältigen Leben nicht ersetzen kann.

Bevor wir jedoch Nistkästen bzw. Bruthilfen anbieten, sollten wir uns vergewissern, ob auch die Voraussetzung für eine erfolgreiche Jungenaufzucht gegeben ist: Finden die Vogeleltern zur Brutzeit auch genügend Nahrung in der Umgebung, um eine vielköpfige Kinderschar erfolgreich großzuziehen?

Kohlmeisen z. B. lassen sich durch das Angebot an Nistkästen auch in nahrungsarme Fichtenwälder oder sterile Gärten locken, in denen die Brut dann elend verhungern muß, da es an geeignetem Futter mangelt.

## Nistkästen

Nistkästen gibt es in verschiedenen Ausführungen zu kaufen; man kann sie aber auch selbst bauen.

Als Standard-Nistkasten dient ein Meisenkasten aus Holz oder Holzbeton mit 32 mm Fluglochweite und einer Mindestgrundfläche von 15 x 15 cm.

Den Kasten hängt man am besten in 2–5 m Höhe katzensicher auf; das Flugloch sollte möglichst nach Südosten weisen und vor Regen und praller Sonne geschützt sein.

Nach dem Ausfliegen der Jungvögel, spätestens aber im Herbst, müssen die Kästen gut gereinigt werden, damit sich im Nistmaterial angesammelte Vogelparasiten nicht vermehren können.

## Bruthilfen für Schwalben

Unsere Schwalben leiden besonders unter der zunehmenden Betonierung und Asphaltierung von Wegen, Höfen und Einfahrten, da dadurch Pfützen, aus denen sie Lehmklümpchen als Baumaterial für ihre Nester holen können, immer seltener werden.

Gartenbesitzer können den *Schwalben* wirksam helfen, wenn sie eine künstliche Pfütze auf einer wasserdichten Folie anlegen und Lehm und Strohstückchen als Nestbaustoffe anbieten.

*Rauchschwalben* hilft man wirkungsvoll, wenn man künstliche Rauchschwalbennester anbringt, die im Fachhandel (z. B. Firma Schwegler, Vogelschutzgeräte, Heinkelstraße 35, 7060 Schorndorf) erhältlich sind.

*Mehlschwalben* bringen ihre bis auf ein kleines Loch geschlossenen Mörtelnester immer außen an Gebäuden an. Oft passiert es jedoch, daß die Nester an der glatten Hauswand nicht genügend haften oder durch Erschütterungen von schweren Fahrzeugen abfallen. Hier kann man durch das Anbringen von künstlichen Mehlschwalbennestern (Lieferung Fa. Schwegler) helfen, die man zu mehreren in Reihe unter dem vorspringenden Dach montiert.

## Sinnvolle Winterfütterung

Die Frage, ob Winterfütterung sinnvoll ist oder nicht, wird oft diskutiert. Man sollte sich auf jeden Fall darüber im klaren sein, daß man durch die Winterfütterung keine vom Aussterben bedrohten Vogelarten rettet. Den kulturfolgenden Singvögeln jedoch, die sich in Generationen auf Futtergaben des Menschen eingestellt haben, hilft man, besser durch den Winter zu kommen –

allerdings nur, wenn man sachgerecht füttert!

- Der Beginn der Winterfütterung sollte sich ausschließlich nach der Witterung richten. Nur bei Frost und geschlossener Schneedecke sind Futtergaben sinnvoll!
- Auf keinen Fall darf die Fütterung bis in die Brutzeit ausgedehnt werden, denn es kann dann vorkommen, daß Vogeleltern ihre Jungen mit Nußstückchen füttern anstatt mit zarten Insekten, der natürlichen Aufzuchtnahrung. Die Jungen gehen dann oft an Verdauungsstörungen zugrunde!
- Für alle Arten von Vogelfütterung ist Sauberkeit oberstes Gebot! Die Anlage muß überdacht und vor Feuchtigkeit geschützt sein, denn Feuchtigkeit fördert die Vermehrung von Krankheitskeimen wie Salmonellen, die durch den Vogelkot übertragen werden. Beim Auffinden von kranken oder toten Vögeln in Futterhausnähe Fütterung sofort einstellen, Futterhaus desinfizieren und sämtliche Futterreste sorgfältig entfernen.
- Um Krankheiten vorzubeugen, sind mehrere kleinere Futterstellen besser als eine große.

Auskunft über Fragen des Vogelschutzes, zum Bau und Anbringen von Nistkästen und Schwalbennestern und zum sinnvollen Winterfüttern erteilen gerne die örtlichen oder regionalen Vogelschutzverbände, Vogelschutzwarten und Naturschutzvereine!

# Register

# Literatur

BERGMANN, H.-H., H.-W. HELB: Stimmen der Vögel Europas. BLV Verlag, München 1982

BEZZEL, E.: Vogelleben, Spiegel unserer Umwelt. Eugen Rentsch Verlag, Erlenbach-Zürich, 1975

BEZZEL, E.: Mein Hobby: Vögel beobachten. BLV Verlag, München 1982

BRUUN / SINGER / KÖNIG: Der Kosmos-Vogelführer. Kosmos-Verlag, Stuttgart, 7. Auflage 1986

BURTON, R.: Das Leben der Vögel. Kosmos-Verlag, Stuttgart 1985

HEINZEL / FITTER / PARSLOW: Pareys Vogelbuch. Parey Verlag, Berlin 1980

JOREK, N.: Vogelschutz-Praxis. Herbig Verlagsbuchhandlung, München 1980

LÖHRL, H.: Vögel am Futterplatz. Kosmos-Verlag, Stuttgart 1982

LÖHRL, H.: So leben unsere Vögel. Kosmos-Verlag, Stuttgart 1984

NICOLAI, J.: Fotoatlas der Vögel. Gräfe und Unzer Verlag, München 1982

NICOLAI / SINGER / WOTHE: GU Naturführer Vögel. Gräfe und Unzer Verlag, München 1984

PETERSON / MOUNTFORT / HOLLOM: Vögel Europas. Paul Parey Verlag, Berlin, 13. Aufl. 1984

THIELCKE, G.: Vogelstimmen. Springer Verlag, Berlin 1970

WITT, R.: Wildsträucher in Natur und Garten. Kosmos-Verlag, Stuttgart 1985

# Vögel bis Amselgröße

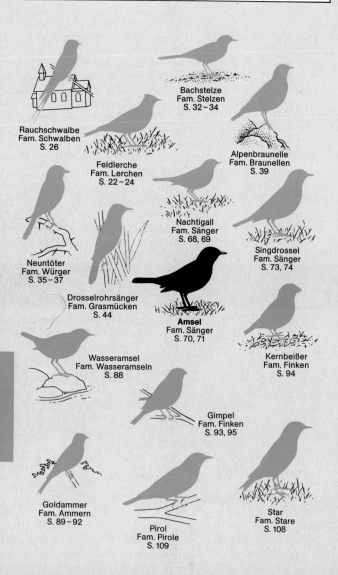

Rauchschwalbe
Fam. Schwalben
S. 26

Bachstelze
Fam. Stelzen
S. 32–34

Feldlerche
Fam. Lerchen
S. 22–24

Alpenbraunelle
Fam. Braunellen
S. 39

Neuntöter
Fam. Würger
S. 35–37

Nachtigall
Fam. Sänger
S. 68, 69

Singdrossel
Fam. Sänger
S. 73, 74

Drosselrohrsänger
Fam. Grasmücken
S. 44

**Amsel**
Fam. Sänger
S. 70, 71

Wasseramsel
Fam. Wasseramseln
S. 88

Kernbeißer
Fam. Finken
S. 94

Gimpel
Fam. Finken
S. 93, 95

Goldammer
Fam. Ammern
S. 89–92

Pirol
Fam. Pirole
S. 109

Star
Fam. Stare
S. 108